インタビュー

外《そと》から見た創価学会

第三文明編集部・編

第三文明社

まえがき

月刊誌「第三文明」では、二〇〇四年五月号から新しい企画として「外から見た創価学会」の連載を始めました。

毎回、大きな反響を呼び、読者のみなさまから是非一冊にまとめてほしいとの要望が編集部に数多く寄せられました。

そこでこの度、連載当初から登場してくださった十七人の方々の快諾を得て単行本として出版する運びとなりました。

今や、創価学会は日本のなかで大きな社会的存在となり、宗教的信念に基づく平和・文化・教育等の幅広い活動が高い評価と注目を集めております。しかし、一方で誤解や偏見があることも事実です。

では、創価学会とはどのような団体なのか。このインタビューでは各界で活躍する方たちに、ご自身が実際に触れた創価学会に対する印象、感想を率直に語っていただきました。「創価学会員ではない方たちが、創価学会をどう見、感じているのか」――会員の方にも、会員でない方にも、大変に興味深くお読みいただけるものと期待しております。

今回の発刊にあたり、ご協力いただいた方々に厚く御礼申し上げます。

二〇〇六年五月

「第三文明」編集部

インタビュー

外から見た創価学会——目次

まえがき……………1

日中友好の井戸掘り役は周総理と池田名誉会長　渡辺敬夫（ナゴヤドーム前常務取締役）……5
「評価」の時代を生き抜く自己革命の精神に共感　中郄秀雄（元吉本興業名誉会長）…………10
アインシュタイン博士と湯川秀樹博士の写真を寄贈　湯川スミ（湯川秀樹博士夫人・世界連邦運動名誉会長）……15
池田名誉会長との真剣勝負だった取材　多田昭重（西日本新聞社社長）…………20
池田訪中団に中国の人民日報が高い評価　李鉄民（前駐札幌中国総領事）…………25
トインビー博士と池田名誉会長の共通点　渡辺武達（同志社大学教授）………………31
学会員もわが家も同じ村八分のつらさを味わう　野添憲治（ドキュメンタリー作家）………37

今こそ、国際平和への声を上げてほしい　中澤孝之（前長岡大学産業経営学部教授）…42
平和のために本当に行動できる組織　西園寺一晃（ジャーナリスト）…………48
信仰者としての「わきまえ」　川上範夫（奈良女子大学教授）…………54
平和友好こそ皆の願い　東山健吾（成城大学名誉教授）…………59
拡大の原点は名誉会長の「平和への行脚」　齋藤康一（写真家）…………64
創価学会こそが唯一の「闘う集団」　高崎隆治（評論家）…………70
国境や人種を超えた人と人の結びつきを作る豊かな力　鄭早苗（大谷大学教授）…………75
学ぶべきことは『二十一世紀への対話』のなかにある　石川　好（ノンフィクション作家）………80
創価学会は世界の希望　ファルク・アーセフィ（通訳・翻訳家）…86
はっきりと「女性を尊敬せよ」と発言　辛淑玉（人材育成コンサルタント）………91

ブック・デザイン／澤井慶子
写真提供／聖教新聞社

本書は月刊誌「第三文明」の掲載順に収録しました。

日中友好の井戸掘り役は周総理と池田名誉会長

渡辺敬夫（ナゴヤドーム前常務取締役）

わたなべ・たかお

1934年、岐阜県生まれ。京都大学卒業後、新聞社に入社。社会部次長、海外特派員、編集局次長、スポーツ部門局長などを歴任。94年ナゴヤドーム建設準備協議会に参加。96年3月よりナゴヤ球場（株式会社ナゴヤドームの前身）取締役を務めた。

「主婦同盟」の活動を通じて初めて創価学会に接した

私が創価学会の方と初めて知り合ったのは、新聞記者としての取材活動を通じてでした。ある時、「主婦同盟」という婦人団体から懇談会の誘いを受けました。主婦同盟は、主婦・女性の立場からの生活的視点を発揮し、現在の消費者運動のさきがけとなる活動を行っていました。たとえば、コインランドリーの清潔度を具体的にチェックするといった実践活動から、学者や知識人を招いての懇談会まで、幅広く展開していました。参加している婦人たちは非常に真面目《まじめ》で、伸び伸びと活動しているという印象を受けました。活動の内容自体も先駆的で素晴らしいものでした。

ただ、私は主婦同盟の活動に参加しているのがどういった婦人たちなのかをまったく知りませんでしたので、それとなく聞いてみると、創価学会の婦人部の方を中心とした集いだという答えでした。

私にとっては衝撃的《しょうげきてき》な事実でした。創価学会の方たちはこういうこともやっているのかと見直し、以来、創価学会に対する見方が変わりました。その後も主婦同盟の皆様とはお付き合いさせていただいています。特に私が新聞社の婦人家庭部長という立場にあったころは、主婦の考え方や興味・関心など多岐にわたって教わりました。

創価学会に対して関心を抱いたのは、「学会だから」ということではありません。逆に、実際に注目すべき行動をしている方々がいて、その方々が創価学会員だったことから、学会に対しても関心が深まったのです。

「中部青年平和文化祭」で実感した学会のパワー

ナゴヤドーム建設準備協議会に参加したころ、創価学会から「建設予定のナゴヤドームで中部青年平和文化祭を開催したい」というアプローチがありました。当時、準備協議会にはイベンターのプロは不在で、ドームを使ったイベントの可能性を模索している状況でしたから、このアプローチは大歓迎でした。まもなく開催は決定し、学会員の知り合いが多い私がナゴヤ

ナゴヤドームで行われた中部青年平和文化祭（1998年）。「信仰」のちからと、無名の庶民たちの「共同体の意識」によって一体感のあるエネルギー溢れるものだった。文化祭の準備から当日までをずっと見てきた渡辺さんは、当時の感動を語ってくれた

ドーム側の窓口となりました。

開催が決定してからほどなく、ドームの近所に住む学会員の方から連絡があり「地域の会合に出席して、ドームについて話してほしい」という要望をいただきました。専門家でもない私は、何を聞かれるのか不安で、戦々恐々《せんせんきょうきょう》として学会の会館に赴《おもむ》きました。

会場に入って不安は驚きに変わりました。会場にはとても大きなナゴヤドームのパースペクティブ（完成予想図）が張り出されていたのです。ドームの関係者でも持っていないほど大きなパースペクティブでした。それを見て、自分たちのやることを、これほど熱望してくれているんだと感動しました。ナゴヤドームの建設を我がことのように喜び誇りに思っていただいていることに対し、驚きは感謝の念に変わりました。

会合では会員の方々の熱意ある姿勢を目に

し、ナゴヤドーム建設事業は地元の人々の支持があるのだと実感し、勇気づけられました。どんな事業も地元の支持がないと必ず破綻《はたん》します。何よりもまず地元に暮らす人々から支持を得ることが大切なのです。

当時の記録を見ると、開催までの数カ月間、毎日のように「深夜食」がスケジュールに入っていました。開催当日までの九日間は、学会員の方が徹夜作業を続けておられたのを今も覚えています。密度の濃い、きわめて周到な準備でしたね。文化祭当日の演技も素晴らしいものでしたが、これまでの準備を見てきた私にとっては、演技自体は氷山の一角にすぎませんでした。当日には参加できなくとも実に多くの方が背後の支えになっており、その陰の尽力こそが素晴らしいと私は思うのです。

これほど一体感のあるエネルギー溢れる仕事ができたのは、ひとつには創価学会員の「信仰」の力があるのでしょう。それとともに、文化祭へ向けて「共同体の意識」が形成されていったからではないかと思うのです。その意識は周囲にも影響を及ぼし、ナゴヤドーム側のスタッフもエネルギッシュに働いておりました。当時の担当社員も、「あの時はすごかった」と今でも語っております。

日中友好の井戸掘り役は周総理と池田名誉会長

一九七一（昭和四十六）年、第三十一回世界卓球選手権大会が名古屋で開催されました。この大会が、のちに「ピンポン外交」と言われるような平和へのプロセスの第一歩となりました。当時、日本と中国は国交がなかったのですが、日本卓球協会の後藤鉀二会長が文化大革命で混乱する中国を訪問。周恩来総理に代表団の日本派遣を要請し、中国の参加が実現しました。ピンポン外交にかかわる報道のなかで、池田名誉会長の日中国交正常化提言にも注目していました。

池田会長（現・名誉会長）が第２次訪中。北京市内の第305区病院で周恩来首相と会見（1974年12月）

日本と中国が友好を結ぶことは、本来は当たり前のことだったと思います。しかし、それが当たり前だと言えないおかしな時代でした。あの雰囲気のなかで国交正常化を提言したのは、きっと非常に勇気のいることだったでしょう。

それにつけても思うことは、池田名誉会長が「水を飲む時は、井戸を掘った人のことを忘れるな」という中国のことわざを訴え続けていることです。当時、勇気ある発言をした池田名誉会長が、周恩来総理を「井戸掘り人」として没後である今も賞賛し続けているのは非常に意義深いことだと思います。口では言えても、なかなか実行できるものではありません。日中友好の中国側の井戸掘り役は周総理でした。日本側の「井戸掘り人」は池田名誉会長ではないか、と私は思っています。

「評価」の時代を生き抜く
自己革命の精神に共感

中邨秀雄（元吉本興業名誉会長）

なかむら・ひでお

1932年生まれ、関西学院大学卒。55年吉本興業入社。テレビと舞台の相乗効果を利用し、西川きよし・桂三枝・月亭八方・桂文珍らを世に出す。故・林正之助会長の懐刀と言われ、同社を優良企業に押し上げる。91年取締役社長、99年代表取締役会長。著書に『20代の失敗なんか怖くない』（大和出版）など。

「本物」を見せる努力を感じる民音の興行活動

創価学会との出あいのきっかけは民音（財団法人民主音楽協会）でした。もう四十年ほど前になりますでしょうか。民音の興行ではお客さんにアンケートを取っていまして、今後、見てみたい演劇や舞台などを聞いています。大学の同窓生で、民音で働いていた友人からアンケート結果について相談を受けたことからお付き合いが始まりました。

学会が文化活動に力を入れていることは、それ以前からも知っていました。ポピュラーや大衆演劇などのみならず、さまざまなジャンルの文化に力を入れていて、かなりハイブローなレベルのジャンル、たとえばオペラやクラシックにも取り組んでおりました。それを知った時は、「創価学会員にこんなジャンルの文化の知識があるのか」と驚きました。正直に申し上げて、どちらかと言えば、庶民的な大衆芸能に関心がありそうな方ばかりという印象でしたから。

「評価」の時代を生き抜く自己革命の精神に共感

絵画や音楽などの文化を知るうえで、やはり「本物」を見て、聞き、触れるのがもっとも大切なことです。しかしながら、本物を楽しむ機会はまだ少ない。興行する側からすれば、採算《さいさん》

ミラノ・スカラ座公演「オテロ」は、世界の芸術の最高峰を日本に広めていこうとする民音の努力を示した（1981年）

が取れないのです。民音はこれをあえて実行しています。文化活動にかかわる人間なら、これがいかに素晴らしいことか分かるはずです。

ただし、いくら楽しむとはいえ、趣味と仕事とは違います。「仕事は楽しんでやれ」とよく言われますが、「楽しむ」ということをはき違えている者もいるのです。

たとえば、芝居を演出している若い者が、自分の演出した芝居を見て大笑いしていることがあります。人を動かしておいて、自分が楽しんでいる。ところが端から見るとまったく面白くない。これでは楽しむというより、遊んでいるだけです。笑いを仕事にするということは、自分が笑うのではなく、人を笑わせることなのです。ですから、熟練《じゅくれん》の演出家は自分の芝居を見て笑うことはありません。

アマチュアであれば遊んでいればいいでしょう。しかし、プロはそうはいきません。学芸会などでお笑いをやって受けたからプロになろうとしても無理です。プロになるには、苦しみから入らないといけないのです。苦しみすら楽しめるほどになってこそ、プロと言えるのです。仕事をするということはプロになることなのです。

今の社会は、「評価」の時代となりました。昔のように大企業に入れば安心という時代ではありません。常に個人が自己革命していくことが求められます。会社に何かをしてもらうのではなく、自分が会社に何をできるかを考え、実行しなければなりません。もちろん与えられた範囲は限られていますが、そのなかでどこまで会社を変えられるかに挑戦していくべきなのです。

池田名誉会長の小説『人間革命』を全巻拝読させていただきましたが、まさしく人間革命の思想が必要とされる時代です。私は自己革命と言っていますが、ともあれ個人が変革していくことが重要です。そのうえで同じような考えや信条を持っている人々が団結し、共同していけば、より大きなことができるでしょう。

基礎がしっかりしていれば生きていくことができる

一九九七年に大阪ドームで行われた創価学会青年部の文化祭を拝見しましたが、全体的なまとまりがあり、団結していると感じました。やらされているのではなく、個々のメンバーが自主的に演じている印象を受けました。自己革命を伴った団結ができていました。

何かの目的に向かっての活動を通じて知り合うのは大切なことです。創価大学で講演をさせていただいた時、結びに「学生時代で一番大切なことは、一生付き合える友だち、先生を見つけること」と話しましたが、結局、人は一人では決して生きることはできないのです。人と付

大阪ドームで開催された第17回世界青年平和文化祭のフィナーレ（1997年）

き合っていくことが大切なのです。創価大学でも大阪ドームでも感じましたが、創価学会には人と積極的に付き合おうという土壌があります。創価学会のなかで人と付き合うための基礎を身につけています。

どんな芸にも「基礎」があるように、人間として生きるための基礎もあると思います。たとえば、礼儀《れいぎ》や作法、常識をわきまえることなども基礎です。基礎を徹底して身につければ、どこに行ってもコミュニケーションができ、どこでも生きていけるはずなのです。私の知っている学会員さんは、非常に行儀《ぎょうぎ》がいいんです。創価学会として教えている基礎をしっかりと身につけているからでしょう。

人間として大切な基礎は社会奉仕です。学生時代にやっていたラグビーには“One for all, all for one.”（ワン・フォー・オール　オール・フォー・ワン）という言葉があります。「一人がみんなのために、みんなが一人のために」という意味ですが、「一人がみんなのために」という言葉が先に来ます。

まず、社会に対して奉仕をしてこそ、人が助けてくれるものなのです。奉仕の精神は仏教でもキリスト教でも一緒だと思います。宗教は個人の信条なので、それぞれ違っていいと思いますが、いろいろな宗教の本を読んだなかで知ったのは、すべて社会奉仕の精神を説いていることです。人間としての基礎なのだから当然のことです。

しかし、現在、社会の常識が崩れてきていて、普通のことをやっている方が目立つ時代になっています。創価学会は当然のことを着実にやっているからこそ発展しているのでしょう。

アインシュタイン博士と湯川秀樹博士の写真を寄贈

湯川スミ（湯川秀樹博士夫人・世界連邦運動名誉会長）

ゆかわ・すみ

1910年、大阪市生まれ。32年、日本人初のノーベル賞受賞者で理論物理学者の故湯川秀樹博士夫人。アメリカでアインシュタイン博士と出会い、夫妻で世界連邦運動を開始。帰国後、世界連邦京都婦人の会を創設。世界連邦建設同盟副会長・会長などを歴任。世界連邦全国婦人協議会会長、京都婦人の会会長などを兼任していた。2006年5月逝去、享年96歳。

私たち夫婦が世界連邦運動に参加するきっかけとなった人物は、アインシュタイン博士でした。一九四八（昭和二十三）年、秀樹がプリンストン高等科学研究所の教授として招かれ、渡米した時、アインシュタイン博士も同じ研究所の教授でした。ユダヤ人である博士は、ナチスに迫害され、アメリカへ亡命していたのです。

秀樹と私は第二次世界大戦後に初めて渡米した日本人でした。アインシュタイン博士は日本人がアメリカに来たと聞き、すぐに私たちに自分の部屋に来るように言われました。アインシュタイン博士は、会うなり私たちの手を取りながら言いました。

「罪もない日本人を原爆で殺して申し訳ない」

博士は涙をポロポロと流していました。

その時、秀樹は博士に対し「日本が戦争に参加したのがいけなかったのです」と応《こた》えました。

それから二人は、世界を平和にしていくための方策を昼夜語り合うようになったのです。博士は「核兵器ができてしまったからには、今後世界がどうなってしまうか分からない。核兵器を使用することを食い止めるしかない」と語りました。秀樹は博士の意見に共感し、そのために一刻も早く戦争の起こらない世界を作ろうと決意したのです。

当時、さまざまな形の平和運動がありましたが、二人の結論は「世界連邦を建設し、戦争によってではなく、裁判所によって問題を解決する世界を創出する」ということでした。もちろん、秀樹には物理学者としての仕事がありましたので、世界連邦のためだけに時間をとるわけにはいきません。秀樹は私に「世界の半分は女性なのだから、世界連邦の運動はあなたが頑張ってほしい」と言いました。このようにして、私たち夫婦は世界連邦運動に参加するようになったのです。

創価学会の婦人たちの平和行動に共感

平和を実現するための一番の近道は、まず、すべての人が平和への思いを持つということです。世界が平和になってほしいと思う人が増えれば増えるほど、平和は近づくのです。ですから、世界連邦の運動に、特定の宗派や政治などはまったく関係ありません。むしろ偏《かたよ》ってはいけないのです。平和を求め、世界連邦の建設をめざす人ならば誰でも参加できます。

平和を求めるという視点から見て、池田ＳＧＩ（創価学会インタナショナル）会長の行動は前から注目していました。世界の平和のために、身を挺《てい》して行動されている方だと感心していたのです。池田ＳＧＩ会長が「アインシュタイン平和賞」を受賞されたことを知り、とてもうれしく思いました。

香港コンベンション・エキシビション・センターで行われた第16回世界青年平和文化祭のフィナーレ（1997年）

　これまで、創価学会の会館で行われた展示会や写真展のほか、講演会にも講師として招いていただきました。九七年に香港で行われた世界青年平和文化祭のビデオも拝見いたしました。このような活動を通じて、多くの人に平和への思いを持ってもらおうとすることは素晴らしいことだと思います。

　私が創価学会の方と接したのは、おもに婦人部の方々でした。女性は、子どもに対する影響力が非常に大きいものです。ですから、未来の平和を実現するためには、もっと女性が平和に寄与《きよ》していかなければならないと思っています。そういう意味で、学会の婦人部の方々が平和のために活動している意味は大きいと思います。

子どもたちは戦争の悲惨《ひさん》さを知りません。親や祖父母から直接話を聞くことによって、少しでも戦争の悲惨さを知り、平和を求める心を持ってほしいのです。戦争の悲惨さを体験させることはできませんので、対話以外に伝える手段がないのです。創価学会も対話によって世界百九十カ国・地域に広まっているとうかがっています。私も、戦争ではなく対話で問題を解決する姿勢には大賛成です。

アインシュタイン博士と湯川秀樹博士の写真を寄贈

二〇〇二年、私は京都市から「京都市特別功労賞」をいただきました。私は十年前に患《わずら》った病気のために足を悪くし、以後車いすでの生活で、思うように外で活動できません。そういった状況であるにもかかわらず、地元京都の創価学会の方々が私の活動に共感してくださり、推《すい》薦《せん》してくださったのです。本当にありがたいことです。

そのお礼の意味を込めて、秀樹とアインシュタイン博士らがプリンストン高等科学研究所の庭を散策している写真（アメリカ国家が撮ったムービーの一部分にあります）を創価学会へ寄贈させていただきましたところ、池田ＳＧＩ会長から詩とお礼のお手紙をいただきました。「仏法では、人間は百二十歳まで生きられると説きます。あなたは日本でとても大切な方ですから、長生きしてください」という内容のお手紙でした。とても心温まるものでした。

プリンストン高等科学研究所でのアインシュタイン博士、湯川秀樹博士、ウィラー博士、ハーバー博士（左から）

今、世界も日本も混乱しています。しかし、どんなに混乱していようとも忘れてほしくないことがあります。それは、「困ったことがあった時でも、人を殺して解決するな、人を傷つけて解決するな」ということです。困ったことが起こったら世界裁判所で世界の法律によって裁《さば》いてもらうというのが世界連邦の考え方です。

日本は唯一の被爆国であり、戦争を否定している立派な平和憲法もあるのですから、誇りをもって平和のために尽くしていくことができるはずです。日本がもっと平和のために努力すれば、世界は早く平和になれるはずです。世界連邦全国婦人協議会は二〇〇三年、創立四十五周年を迎え「四十五周年記念誌」を作りました。これを世界の一人でも多くの人に読んでいただき、世界平和のために努力していただきたいです。

池田名誉会長との真剣勝負だった取材

多田昭重（西日本新聞社社長）

ただ・あきしげ

1935年生まれ。早稲田大学第一文学部卒。西日本新聞社編集局入社。編集局経済部次長、パリ支局特派員、取締役東京支社長、常務、専務を経て2001年代表取締役社長に就任。

真摯で真剣に生きる会員の姿勢に好感

私が西日本新聞社の東京支社長時代、当時社長だった青木（秀《しげる》・現相談役）がよく創価学会の池田名誉会長の著作を読んでいて「とにかく素晴らしい」と話していました。そのころ、八王子で創価学会とマスコミ関係者との懇談会があり、創価大学や東京富士美術館を見学したり、名誉会長からの著作をいただいたりして徐々にご縁が深くなっていきました。実際にお付き合いしていくなかで、私は創価学会の方々は生きる姿勢が真摯《しんし》で真剣であると強く感じるようになりました。当時から創価学会に対して批判的な勢力は多かったし、マスコミなどでも好意的な記事よりやや偏《かたよ》った論調《ろんちょう》が目についていました。しかし、今、創価学会は、地域にとって確固たる存在にまで発展、成熟されたと私は思います。いまだに一部週刊誌報道に見られる風評やうわさ話など話題にもされないくらい、日本の社会に浸透、定着してきているのではないでしょうか。

これほどの存在になった理由は本来の「宗教の力」もさることながら、名誉会長はじめ創価学会の「指導者」によるところが大きいのではないかと考えます。二〇〇三年、山本（武・現創価学会副理事長）さんとお会いした時、九州では青年層を中心に一年で会員が数万人増えたと聞きました。その話を聞いて驚き、羨《うらや》ましいとも思いました。私どもは新聞を百部増やすのも一生懸命ですが、なかなかそれもできない。それで、何が発展の原動力なのかをうかがいましたが、印象的だったのは「まずリーダー自らが動く」という点でした。

池田名誉会長との真剣勝負だった取材

二〇〇一年に、本紙で池田名誉会長へのインタビューを行いました。世界史的には、イスラム世界との衝突や、公明党が自民党と政権を担うという今日的タイミングをねらって行ったものです。ただ、社内では記事の扱いをめぐって議論があり、いろいろな意見もありました。最終的に私と玉川編集局長（現副社長）とで協議し「これだけ世界中に広がる創価学会の最高リーダーに会見して、率直に胸中を聞くのは公共メディアの社会的使命だから、われわれも真剣に臨《のぞ》み、堂々と紙面に出そう」との方針で合意しました。

ふだんは会えない人物に直接取材できるのは記者冥利《みょうり》に尽きます。編集局長も準備万端《ばんたん》で自分をさらけ出す決意で臨んだと思います。取材

2001年12月3日、同4日付の西日本新聞のインタビュー記事。公明党の与党入りに関する編集局長の質問に対し、池田名誉会長は「日本の安定のための選択と思う」と答えている

後に編集局長から話を聞いたら「実に率直な応答で、宗教と政治の分離を明確にされ、今、読者に伝える十分な意味のあるインタビューだ」と言うので、掲載することになりました。

通常、刷《す》り上がった紙面を最初に読むのは、印刷現場の社員です。彼らは連日「第一読者」として本紙を読みますから、プロの目で記事を見て直感的に出来不出来《できふでき》が分かります。池田名誉会長のインタビュー記事は、すぐに現場から「よくできている」との反響がありました。それを聞いて私は「これは成功だ」と膝《ひざ》を打った覚えがあります。多くの方々から高い評価を寄せていただきました。その反対に、なぜ創価学会の記事が載るのか、という批判的な声はありませんでした。これほどの記事になったのは、やはり相手が大きな器《うつわ》を持った存在だったこと、そこに真剣勝負で記者が迫っていったとい

うことだと思います。

現実感踏まえる公明党の政策路線

創価学会を母体にした公明党が二〇〇〇年に与党入りして以来、メリット、デメリットともにいろいろ報道されています。それだけ責任が重くなったことの証《あかし》でもありましょう。外交、安全保障、福祉問題など大きな政治課題をめぐって創価学会内でもさまざまな意見、悩みがあるやに伝え聞いています。そういう議論を私は消極的にはとらえていません。

こうした姿はむしろ公明党がより広く国民に信頼され、安心感を持ってもらえる一つの要素だと私の目には映ります。日本の国民はわりとバランス感覚を持っていて、現実と理想をしっ

2001年1月。東京都内の宿舎で元ソ連大統領のミハイル・S・ゴルバチョフ氏と会見

かりと捉《とら》えて対応していると思うのです。

我が社の新聞論調や社説は、憲法とか平和運動とかを強く支持する考え方が伝統的にありまず。「反戦平和主義」を基本に置いていますが、「先鋭《せんえい》」とまでは言いませんが、「反戦平和主義」を基本に置いています。新聞の役割ですから、それでいいと思っているんです。しかし、政治の舞台では「先鋭」というだけでは現実に対応できません。ですから今の公明党の対応はある意味で賢明《けんめい》だと思うのです。かつての公明党はいわば純粋な平和主義の政党であったという印象が私にはあります。しかし、世の中は純粋だけでは回らない面もあります。あまりにも純粋すぎると、逆に社会生活は不安になります。

したがって、内部ではジレンマを抱えつつも現実的な対応をして広がりを持たせる戦略、理論構成をされているのではないか、と見ています。

もちろん、志《こころざし》は高く掲げ死守《ししゅ》しなければなりません。池田名誉会長が世界の指導者たちと常に会見し、平和について言及するのも、根底に平和主義があるからでしょう。

元来の理想の旗を高く掲げながら、かつ柔軟《じゅうなん》で堅実《けんじつ》な進み方をされていると、敬意を込めて拝見しています。

池田訪中団に中国の人民日報が高い評価

李鉄民（前駐札幌中国総領事）

り・てつみん

1944年生まれ。北京外語大学卒。73年から東京の中国大使館、76年に大阪総領事館に転勤。79～91年の間、中国に戻り中日友好協会に勤務。92年、東京の日中友好会館に派遣された後、93～2003年6月までの間、中日友好協会に勤務。

二〇〇四年二月、札幌市南区の創価学会青年部の会合に招かれ参加しました。私は十分間スピーチを頼まれましたが、参加者から大きな歓迎の拍手を浴び、だんだん乗ってきて、最後まで気持ちよく話せました。その会合で二人の青年による体験談を聞きました。それぞれ信仰の力で困難を克服し、今、幸福を感じているという大変いい話でした。「若さは力である」とつねづね池田名誉会長は発言され青年を大切にされていますが、まさしくその言葉通りだと強く実感しました。

また、五月には厚田村にある記念墓苑で行われた「観桜会《かんおうかい》」に招待していただいたのですが、墓のつくりがどんな人であろうと同じ大きさ・種類なのです。ここに平等の哲学が息づいていると感じました。創価学会の方々とのお付き合いのなかで感じるのは、やはり学会の皆さんは「人間は皆平等である」という確かな哲学をお持ちであるということです。

歴史的な池田名誉会長の「日中国交正常化提言」

さて、一九六八年九月八日、池田名誉会長は中日国交正常化提言を当時の創価学会の若い学生たちの前で発表されました。未来の平和を担《にな》う何千人もの若者に訴えられた、その事実がまず素晴《すば》らしいと私は思います。

自民党内にも松村謙三氏など中日友好に奔走《ほんそう》していた方もいましたが、まだまだ少数で、むしろ日本政府は中国敵視政策をとっていた時期です。社会党の浅沼委員長が演壇で右翼の青年に刺殺されるなど、共産主義に対する敵対心が

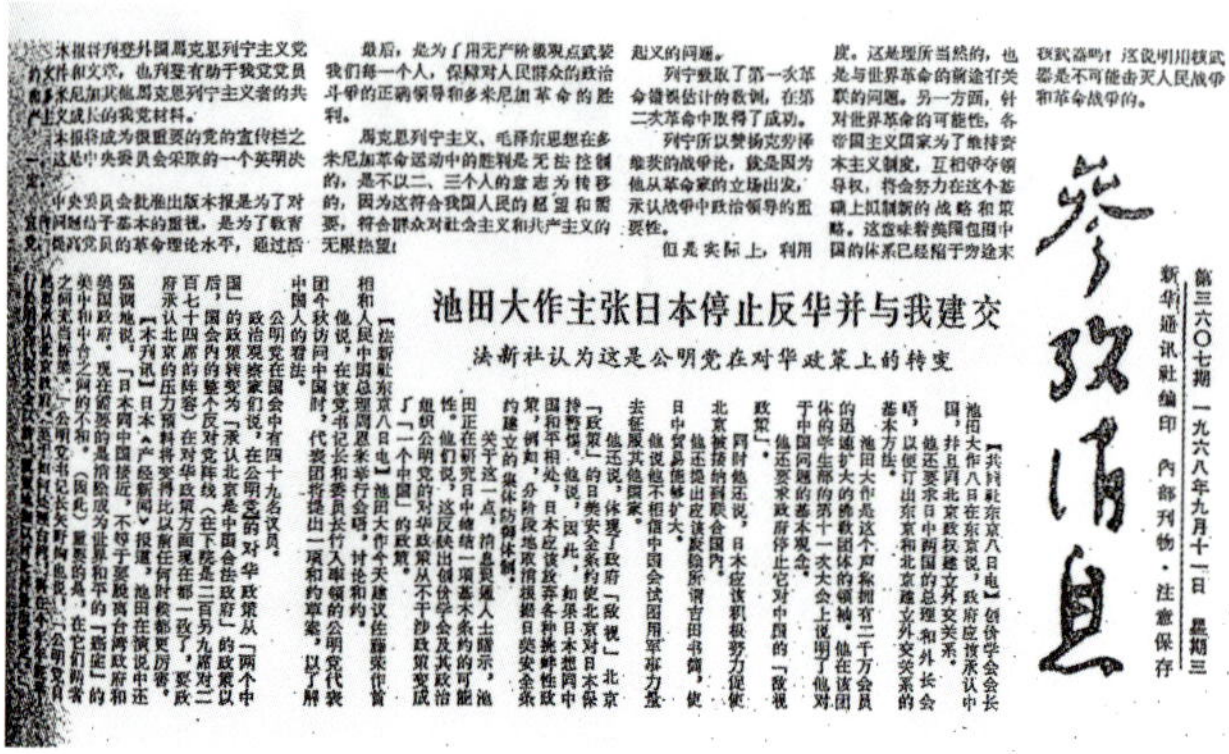

参考消息

第三六〇七期　一九六八年九月十一日　星期三

新华通讯社编印　内部刊物・注意保存

池田大作主张日本停止反华并与我建交

法新社认为这是公明党在对华政策上的转变

【共同社东京八日电】创价学会会长池田大作八日在东京说，政府应该承认中国，并且同北京政权建立外交关系。

他还要求日中两国的总理和外长会晤，以便订出东京和北京建立外交关系的基本方法。

池田大作是这个声称拥有二千万会员的迅速扩大的宗教团体的领袖。他在该团体的学生部的第十一次大会上说明了他对于中国问题的基本观念。

他还要求政府停止它对中国的「敌视政策」。

同时他还说，日本应该积极努力促使北京被接纳到联合国内。

他还提出应该废除所谓吉田书简，使日中贸易能够扩大。

他说他不相信中国会试图用军事力量去征服其他国家。

他还说，体现了政府「敌视」北京「政策」的日美安全条约使北京对日本保持警惕。他说，因此，如果日本想同中国和平相处，日本应该放弃各种挑衅性政策，例如，分阶段地取消根据日美安全条约建立的集体防御体制。

关于这一点，消息灵通人士暗示，池田正在研究日中缔结一项基本条约的可能性。他们说，这反映出创价学会及其政治组织公明党的对华政策从不干涉政策变成了「一个中国」的政策。

【法新社东京八日电】池田大作今天建议佐藤荣作首相和人民中国总理周恩来举行会晤，讨论和约。

他说，在该党书记长和委员长竹入率领的公明党代表团今秋访问中国时，代表团将提出一项和约草案，以了解中国人的看法。

公明党在国会中有四十九名议员。

政治观察家们说，在公明党的对华政策从「两个中国」的政策转变为「承认北京是中国合法政府」的政策以后，国会内的整个反对党阵线（在下院是二百另九席对二百七十四席的阵容）在对华政策方面现在都一致了，要政府承认北京的压力预料将变得比以前任何时候都更厉害。

【本刊讯】日本《产经新闻》报道，池田在演说中还强调地说，「日本同中国接近，不等于要脱离台湾政府和绝国政府。现在需要的是消除成为世界和平的「癌症」的美中和中台之间的不和。（因此）重要的是，在它们两者之间求得折衷。」公明党书记长矢野绚也说，「公明党员……

本报将刊登外国马克思列宁主义党的文件和文章，也刊登有助于我党党员和多米尼加其他马克思列宁主义者的共产主义成长的我党材料。

本报将成为很重要的党的宣传栏之一，这是中央委员会采取的一个英明决定。

中央委员会批准出版本报是为了对宣传问题给予基本的重视，是为了教育党、提高党员的革命理论水平，通过……

最后，是为了用无产阶级观点武装我们每一个人，保障对人民群众的政治斗争的正确领导和多米尼加革命的胜利。

马克思列宁主义、毛泽东思想在多米尼加革命运动中的胜利是无法控制的，是不以二、三个人的意志为转移的，因为这符合我国人民的愿望和需要，符合群众对社会主义和共产主义的无限热望！

起义的问题。

列宁吸取了第一次革命错误估计的教训，在第二次革命中取得了成功。

列宁所以赞扬克劳塞维茨的战争论，就是因为他从革命家的立场出发，承认战争中政治领导的重要性。

但是实际上，利用……

度。这是理所当然的，也是与世界革命的前途有关联的问题。另一方面，针对世界革命的可能性，各帝国主义国家为了维持资本主义制度，互相争夺领导权，将会努力在这个基础上拟制新的战略和策略。这意味着美国包围中国的体系已经陷于穷途末……

核武器吗！这说明用核武器是不可能击灭人民战争和革命战争的。

池田大作第３代会長の日中国交正常化提言を掲載した1968年９月11日付の参考消息

1997年3月、中日友好協会秘書長として池田名誉会長との会談に臨んだ時の李鉄民総領事（左端）。左から２人目は陳永晶・中日友好協会副会長（東京・八王子の東京牧口記念会館で）

社会全体を覆《おお》っていて、中日友好を唱《とな》えること自体が危険な時代でした。そんななかで命をかけた池田名誉会長の提言は勇気と先見の明があり、大きな役割を果たされたと思います。今も中国政府、国民が非常に高く評価しています。

この提言こそが池田名誉会長と周恩来総理との七四年十二月の一期《いちご》一会《いちえ》の出会いにつながった、と私は認識しています。当時、周総理は入院中でしたが「日本から大切な客が来る」と周囲の反対をおして会見を強く希望したと聞いています。深い信頼関係は六八年の「国交正常化提言」への恩義《おんぎ》があればこそだと思います。

池田訪中団に中国の人民日報が高い評価

田中角栄元首相の訪中に際し、私は学生ボランティアとして日本の同行記者の通訳・ガイドを務めたり、池田名誉会長の訪中団のお手伝いもしました。ですから当時、私は中国における創価学会・池田名誉会長の評価と日本国内における創価学会への評価との双方を知っている立場にあったのです。

中国では池田名誉会長の民間外交は人民日報紙などで高い評価を受けていました。一方、日本国内では批判的な声もあったようです。しかし、私にとって重要だったのは中日友好への対応であり、そのための行動をしているか否《いな》かでした。

中国のことわざに「水を飲む時は、井戸を掘った人のことを忘れるな」とあります。周総理が日中国交正常化の折に引用した言葉でもあるのですが、池田名誉会長ご自身がこのことわざを心に刻んでいるのだと感じたことがあります。九一年、私が中国政府から派遣されて東京・飯田橋の日中友好会館で事業部長をしていて、中日国交正常化二十周年を記念し「周恩来展」を企画した時のことです。主に中国革命博物館から周総理ゆかりの品を集めて展示する企画でしたが、周総理の日本の友人からもゆかりの品を集めました。田中元首相に周総理が贈った「両面刺繍《ししゅう》」を長女の真紀子さんからお借りしました。

池田名誉会長には、周総理愛用だった「象牙《ぞうげ》のペーパーナイフ」をお借りしました。これは鄧穎超《とうえいちょう》夫人から池田名誉会長に贈呈されたものですが、私も贈呈された場に同席していました。拝借する時、担当してくださった三津木（俊幸・創価学会参議）さんから、池田名誉会長の伝言を聞きました。それは「周恩来展は必ず成功させなければならないので全力で応援しま

創価大学構内にある周桜

す」というものでした。私は非常に好意を抱くとともに、池田名誉会長と周総理の友情はここまで深いものなのかと感じました。

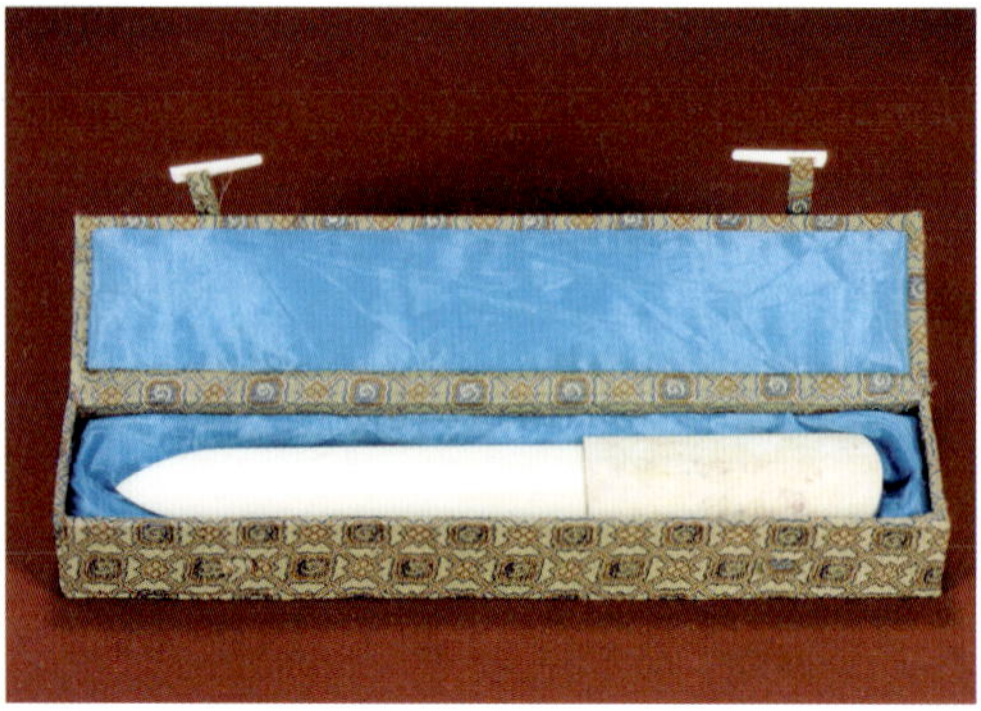
池田大作名誉会長に鄧穎超女史から贈られた周恩来総理愛用の象牙のペーパーナイフ

創価学会あればこそ公明党があると認識

二〇〇〇年から公明党が与党に入っていますが、中国は公明党は創価学会があればこそ誕生し、現在、大きな立場で活躍できていることをよく知っています。中国としては基本的にどの政党であっても、中日友好、ひいてはアジアの安定、世界平和に寄与《きよ》できる政党ならば等しく付き合う立場です。周総理も日本の政治、政党をよく見ていました。だから中日関係に対してどういう立場をとっているか、はっきりするようになってから池田名誉会長のことを高く評価したと思います。

今でも中国は政策的に是々非々《ぜぜひひ》の立場です。イラク問題や北朝鮮への対応など、国際問題で日本の立場は非常に困難を伴っていますが、北東アジアがどうあるべきかを見据《みす》えたうえで、責任を持って取り組んでいくべきだと思っています。

トインビー博士と池田名誉会長の共通点

渡辺武達（同志社大学教授）

わたなべ・たけさと

1944年、愛知県生まれ。同志社大学卒。同大学大学院修士課程修了。京都産業大学教授を経て90年から現職。専攻はジャーナリズムの倫理、国際コミュニケーション論。最近の著作に『メディアの法理と社会的責任』（ミネルヴァ書房）、米国で出版された『週刊新潮』『週刊文春』型雑誌メディアを批判した“A Public Betrayed”（『裏切られた大衆』Regnery出版）がある。

京都産業大学で教鞭《きょうべん》をとっている時でしたが、私の受け持ったクラスに「東洋哲学研究会」のメンバーがいました。非常にきびきびとして礼儀正しく、よく勉強をする男子学生部員でした。彼とその仲間たちはヒロシマなども含めた国際的な平和活動やボランティア活動に熱心でした。私も日本卓球協会の役員として当時の、いわゆる「ピンポン外交」を通じて平和活動に携《たずさ》わっていましたので、彼らと日中国交回復問題などをテーマに話をしているうち、付き合いが深まりました。学園祭の講師として招かれたこともあります。

私の名前が平和活動やメディア研究の分野で世間に出始めたころ、公式に創価学会青年部から講演依頼を受けるようになりました。アジア卓球連合の仕事でブラジルに行った時も、ＳＧＩ（創価学会インタナショナル）メンバーの方から会館に招待をいただいたり、シンガポールやイギリス、あるいは西インド洋のセーシェル共和国でも学会員の方々とお会いする機会を持つことができました。

このように多くの学会員の方々と接するなかで、創価学会の民衆運動といいますか、社会貢献に関心を持つようになりました。

創価学会と公明党とを同列視してはいけない

そのような交流を通じて思うことは、創価学会の運動は人間の普遍の倫理を広めようとしている偉大な民衆運動であるということです。牧口常三郎初代会長が『人生地理学』において主張されているように、平和を実現するためには、人々が助け合い、自然と共生していくという思想がなければなりません。それが人類の進歩であり、普遍的倫理、生き方の原理です。創価学会は創立以来、これを貫いていると思います。

戦時中、牧口初代会長の主張は当時の軍部政権に反対し治安維持法により投獄されるという事態を引き起こしました。いつの時代も大きな権力を持った存在は、体制維持に努めるものです。法律は国家が作るものであり、ひいては政治組織が作るものです。しかし、戦前と戦後で「言論の自由」の意味合いが大きく変化したように、法は体制によって変えられるのです。その結果、牧口初代会長は獄中で殉教《じゅんきょう》されました。

近年の池田名誉会長や創価学会に対する一部週刊誌によるバッシング報道も、根底は同じです。『週刊新潮』や『週刊文春』は、日本に根深く定着している〝保守本流〟に盾《たて》つくものに対しては徹底的に攻撃するメディアです。「信《のぶ》平《ひら》狂言事件」という前代未聞の虚偽《きょぎ》スキャンダルも、公明党が連立与党に参加する前に叩《たた》いておこうという意図であったに違いありません。かつての「月刊ペン事件」や他のバッシング報道も同様です。こうした報道は今後も形を変えて起こると思います。

一方で、連立与党の一角を占める公明党が体制維持に協力し、創価学会が変節したという一部の報道もあります。しかし、そもそもメディアは公明党と創価学会を同列に考えてはなりません。創価学会の広める理想を、政治の分野においてより早く実現するのが公明党の役割で、そのために連立に参加するのは一つの方法です。両者は一体ではなく、協力関係を結んでいるに過ぎません。現実政治のうえで公明党がいかなる行動をしようと、それをもって宗教団体としての創価学会が変わったということにはならないのです。その点をメディアは見誤るべきではないでしょう。

トインビー博士と池田名誉会長の共通点

一九六七年、京都産業大学がアーノルド・トインビー博士を招聘《しょうへい》した時、私は通訳を務めさせていただきました。当時、私は二十三歳でしたが、そんな若者に対して博士は「あなたの素晴らしい通訳のおかげで、日本の人々に私の思想を十分に伝えることができました。本当にあ

1972年5月5日、イギリス・ロンドンのアーノルド・トインビー博士の自宅で対談する池田名誉会長

りがとう」と言って握手してくださいました。

池田名誉会長はトインビー博士と対談し、『二十一世紀への対話』を発刊しています。私の考える二人の共通点は、個人が大きな権力や理不尽なものに抑《おさ》えつけられることを否定し、互いに助け合って持てる能力が開花する社会の建設を目指そうとしていたところです。池田名誉会長は戦前の創価学会弾圧の実態を知り、トインビー博士は世界の歴史に通じています。つまり、二人は権力が暴走した時の脅威《きょうい》を知り尽くしているのです。人を支配したり、支配されたりする関係は、歴史の進歩にマイナスであるという考え方が共鳴し合った点だと思います。

トインビー博士は来日の際、「西洋の分析哲学的思考だけでは、もはや社会は動かない。いま必要とされるのは人類の進歩のための統合的な東洋思想である」という話をされました。西

アーノルド・トインビー博士との対談収録の合間にロンドンのホーランド公園を散策する池田名誉会長（1972年5月9日）

洋の思考は、物事や物質を分解し、細かく分析する方法です。しかし、人間も組織もそれぞれが有機的に一つの存在を成しているがゆえに、分析だけでは全体の動きを把握できません。自然をふくめ、全体をあるがままに把握しようとするのが東洋的思考です。

思考は人の行動にも影響を与えます。西洋で施《ほどこ》しを行う場合、「彼らは落ちこぼれだから施してあげよう」と考えます。そこからはどうしても対立が生まれます。しかし仏教などの東洋思想は、人間を優劣《ゆうれつ》だけで考えず、貧しい人を生み出す社会が悪いと考えて施すのです。博士は日本の平和憲法は東洋思想の結晶だとさえ言っていました。

トインビー博士の言う通り、ひとりの人間、ひとつの組織を分析的に考えても全体を捉《とら》えることはできません。公明党や創価学会についても、政治的側面だけから見ていては全体像をつかめないのです。メディアは一方的な視点ではなく、全体的な視点で真の姿を報道していくべきでしょう。

学会員もわが家も同じ村八分のつらさを味わう

野添憲治（ドキュメンタリー作家）

のぞえ・けんじ

1935年、秋田県藤琴村（現・藤里町）生まれ。新制中学を卒業後、山林や土木の出稼ぎを7年、国有林の作業員を8年経験した後、能代市に転住、大館職業訓練所を修了後、木材業界紙記者、秋田経済法科大学非常勤講師などを経て著述業に。著書に『聞き書き花岡事件』（御茶の水書房）、『ドキュメント出稼ぎ』（社会思想社）、『秋田県の不思議辞典』（新人物往来社）など多数。

人の悪口を言わない目の輝いた青年たち

初めて出会った創価学会の方は、私より年下の青年でした。特に学会の青年部と意識したわけではありませんが、今まで接してきた若者たちとは、ひと味違った印象を抱《いだ》きました。印象の一つは、抽象的な言い方ですが、瞳《ひとみ》がキラキラと輝いていて、非常にいきいきとしていることでした。おそらく彼が過去に囚《とら》われず、未来に希望を抱いていたからだと思います。ただ、あまりに輝いていると、かえって周囲の反感を買うということがあります。周りの人も彼と同じように努めて輝いていこうとすればいいのですが、生身《なまみ》の人間、そうはいかないこともあります。おかしな話ですが、その彼の明るさを妬《ねた》んでかえって陰口を叩《たた》く人もいました。

もう一つ記憶に残っている印象は、彼は決して人の悪口を言わないということでした。小さな町ですから、人のうわさ話が唯一の楽しみで、飲めば人の悪口で盛り上がるという傾向があったのですが、彼はどんな時でも人のことを悪く言いませんでした。悪口を言わないという、人間としてごく当たり前のことに、私は衝撃《しょうげき》さえ感じた記憶があります。

その後、著述業を始めたころから創価学会の会合に誘われたり、聖教新聞を勧められ読むようになり、より多くの学会の方々とのお付き合いが深まっていきました。都会に比べると情報量が圧倒的に少ないので、すべての全国紙に目を通すよう心がけていましたが、聖教新聞には一般のいわゆる商業紙にはない視点がありました。苦労していた人が信仰体験によって目覚め、蘇生《そせい》していく「人間ドラマ」が聖教新聞にはあふれていたのです。私自身、藤琴村《ふじことむら》にいたころは貧困のためにかなりの苦労をしてきたので、苦労を乗り越え蘇生する人間ドラマをまるで、我が喜びのように感じました。また、木材業界紙の記者時代も、独立して著述業に入ってからも、一貫して社会のなかで目立たない「陰の人」を取材し続けてきたので、「陰徳《いんとく》を積み陽報《ようほう》を得る」という生きざまに深い共感を覚えたこともありました。

一九八五（昭和六十）年に、秋田県立体育館で行われた第一回秋田青年平和合唱祭に招待され観覧《かんらん》させていただきました。池田名誉会長も出

秋田県立体育館で開かれた秋田青年平和合唱祭のフィナーレであいさつする池田名誉会長（1985年5月）。野添さんはこの時の演技を見て、農業や酪農に従事する近所の普通の青年が毎日夜遅くまで練習して本番を迎えたことを知り、感動をおぼえた

席していました。広い体育館には、何千人もの青年たちの熱気があふれていました。演技にはまとまりの素晴らしさを感じ、「こんなことが秋田でもできるのか」とショックを受けました。人間が高まっていく時のうねりを実感し、ここに人間の素晴らしさがあると感動した記憶があります。

学会員もわが家も同じ村八分のつらさを味わう

私がまだ藤琴村に住んでいた昭和二十七年ごろ、この村にも創価学会員が誕生していたようです。当時、村はおよそ千五百世帯ほどでしたが、そのうち五、六世帯の学会員の家があったと思います。直接の知り合いではありませんでしたが、学会員さんが「村八分《むらはちぶ》」のような状況になっているのは分かっていました。村八分の原因の一つは、村全体が檀家《だんか》となっていた真宗《しんしゅう》大谷派《おおたには》の供養《くよう》の割り当てを学会の信仰を理由に拒否したことだと聞きました。当時はコメや現金による供養が割り当てられていたのです。村八分になると村の寄り合いに参加できず、牛馬の餌《えさ》や堆肥《たいひ》を作るための草刈り場の「入会権《いりあいけん》」を失いました。集落では誰も声をかけてくれず、子どもは仲間はずれにされました。そうなると、村での生活はほぼ不可能に近い状況に陥《おちい》るのです。

私の家は七人兄弟でした。父が徴兵《ちょうへい》され、働けるのが母と長男の私だけだったので、非常に困窮《こんきゅう》していました。貧乏をしていると人から避《さ》けられるものです。私の家も村八分同然でしたから、学会員さんがいじわるをされているのを見て、「ああ、同じことをされている」と思っていました。「なぜ、こんなにいじめるのか」と社会の悪に対する怒りを感じていました。おそらく学会員さんも同じ感情をもっていたことでしょう。

人間にはこうしたどうしようもない醜《みにく》い面がある一方で、何かチャンスがあれば成長していくという美しい面もあります。迫害を受けながらも、それをどう乗り越えていくかに人間のドラマがあるのです。

乗り越えるチャンスとは、私は「希望」だと思います。希望がなければチャンスは生まれません。学会員さんにとっての希望とは、信仰の深まりと池田名誉会長の励ましなのでしょう。池田名誉会長の言葉には、何千人、何万人もの人々の目を開かせてきた重みがあります。その希望があったからこそ、学会員さんは迫害を乗り越えられたのだと思います。

そうした学会の麗《うるわ》しい姿を知ってか知らずか、一部週刊誌などマスコミによる創価学会への中傷記事はあとをたちません。いくら裁判で判決が出て学会側が正しかったといっても、大きな見出しを通して人の目に焼きつけられた印象は誤ったまま長く心に残ります。

だから、言論人はもっとその責任を重く受け止めなければなりません。また「言論の自由」が保障されている現代だからこそ、悪意に基づく報道は許してはなりません。

なぜなら、私たち日本人があの敗戦という大きな痛手を乗り越えてようやく手にした「言論の自由」を濫用《らんよう》すると、かえってその本義を狭《せば》めてしまうからです。「言論の自由」を守るためにも、言論に携《たずさ》わる者は厳しく自己を律していくべきだと思うのです。

創価学会へのデマを一刀両断している「ウソをズバッと斬る！」（第三文明社刊）

今こそ、国際平和への声を上げてほしい

中澤孝之（前長岡大学産業経営学部教授）

ソ連で学会員と出会う

私が創価学会の方と出会ったのは、一九八一年五月でした。池田名誉会長の第三次訪ソの時です。当時、私は時事通信社のモスクワ支局長として勤務していました。創価学会の訪ソ団の広報を担当されていた江藤さん（幸作・現副会長）とお会いしました。

当時のモスクワ支局と私の自宅が同じアパートにあり、江藤さんを招待し、ささやかな手料理でもてなしたことを覚えています。礼儀正しい好青年だという印象が強く残っています。今

なかざわ・たかゆき

1935年、中国大連市生まれ。東京外国語大学ロシア語科国際関係課程卒業。時事通信社に入社。本社経済部記者、シンガポール・クアラルンプール・モスクワ特派員、モスクワ支局長、外信部長などを経て、県立新潟女子短期大学国際教養学科教授、長岡短期大学教授、長岡大学教授、時事総合研究所客員研究員を歴任。著書に『人間ゴルバチョフ―初代ソ連大統領の素顔』『ゴルバチョフはこう語った』『エリツィンからプーチンへ』など多数。

1974年9月、池田名誉会長が初訪ソでコスイギン首相と会見した時のやりとりは、当時、先鋭化を極めていた中ソ対立の解消への働きかけとなり注目を集めた

も変わりませんが。

最近では、ご近所の創価学会員の方と時々接する機会がありますが、皆さんとても真剣に活動していらっしゃいます。真面目な方が多いですね。その姿を見ていると一部週刊誌報道とのギャップを感じます。創価学会を退会した人が、批判報道に加担《かたん》しているという話も聞きますので、その影響もあるのかもしれません。

その時の訪ソで、池田名誉会長はチーホノフ首相と会談し、席上で「米中日ソ首脳会談」を提案されました。結局、米ソ首脳会談はゴルバチョフ登場まで待つことになりました。また、創価学会の鼓笛隊《こてきたい》がモスクワ大学の広場で演奏し、「日本人形展」を開催するなど、文化交流の取材には私も行きましたので、その時の模様をよく覚えています。

私は学生時代も、時事通信社入社当初も、創価学会の方とのお付き合いはありませんでした。ですから、当時、ソ連という「宗教否定」の共産圏へ日本の宗教者が行く意義についても、あまり考えたことがなかったのです。

私がモスクワから東京に帰ってきてから、八五年にゴルバチョフ書記長が就任したのですが、就任当初から、彼はそれまでのソ連の政治家とはまったく違う考えの持ち主であると感じました。それをきっかけにして、ゴルバチョフやペレストロイカなどについて研究し、彼に関する本はすでに十冊以上書いています。

二人の思想の共通性

そして、二〇〇四年は池田名誉会長が初めてソ連を訪問してから三十周年を迎えるということで、六月末に『ゴルバチョフと池田大作』を出版する運びになったのです。

執筆にあたり、ゴルバチョフと池田名誉会長との対談集『二十世紀の精神の教訓』は非常に参考になりました。池田名誉会長は、ゴルバチョフから話題を引き出すのが非常に上手《じょうず》で、ゴルバチョフの本音がよく出ていると思います。また、二人の思想が多くの点で一致していることが分かります。

ゴルバチョフがソ連の政治家の中で卓越《たくえつ》していたことの一つは、「精神性」を重視すべきだと宣言したことです。ソ連共産党の指導者としては、おそらく初めてのことだったでしょう。そこから、彼は宗教の自由を認め、新しい宗教法を制定しました。ローマ法王とも会見しています。

ゴルバチョフは、特に「全人類的価値」というものを強調しました。それまでは「階級的な

池田名誉会長が東京・信濃町の聖教新聞社でミハイル・ゴルバチョフ元ソ連大統領と会見（2003年3月）

価値」、つまり共産主義にもとづくプロレタリア階級的な価値の尊重ということは言われていましたが、「全人類的価値」ということは、彼が初めて発言したことなのです。

そうした「人間性」を重視するというゴルバチョフの姿勢が、池田名誉会長の「人間主義」の思想と合致し、波長が合ったのではないかと想像できます。

もう一つ、二人が共通するところは、「絶対的な平和主義」です。東西冷戦の最中、アメリカとソ連は軍事力の競争をし、特に核開発の競争は激烈でした。そのなかで、ゴルバチョフは核軍縮へ方向転換しました。池田名誉会長が、徹して核兵器全廃を訴えていることとまさしく共鳴しています。

池田名誉会長は、米ソの関係が冷め始めた時に「米ソ首脳会談を再開すべきだ」と主張しました。それはゴルバチョフが政権をとった時に実現します。名誉会長の必死の働きかけが、ゴルバチョフの胸に届いたのです。

戦争思考ではなく、平和思考を、暴力で解決するのではなく、話し合いで解決する精神。これこそ、今の世界に必要とされているのではないでしょうか。

国際平和のために

現代は、精神より物質を優先する時代になっていると感じます。精神性を軽視することでいろんな犯罪が増えたり、簡単に人を殺したりするようになっています。イラク戦争にしても、話し合いもなく、相手を理解しようという姿勢もなく、いわば「問答無用」の先制攻撃でした。

こういう状況のなかで、池田名誉会長が繰り返し訴えている、戸田創価学会第二代会長の言葉、「地球上から〝悲惨〟の二字をなくす」ことは、言うは易《やす》く、行うは難《かた》しです。今こそ、池田名誉会長とゴルバチョフの両者がそろって、国際平和への声を上げてほしいと思うのは私だけではないでしょう。

最後に、日本の若い人たちには「世界は広いのだ」と訴えたいですね。狭い殻《から》に閉じこもるのではなく、好奇心を持って、視野を広めることが大切です。若いうちに世界を見聞《けんぶん》する体験は必要だと思います。

平和を実現するためには、相手のことを理解しようとする姿勢が大切です。島国根性では、相手のことが分からない。分からないまま、かつてのさまざまな暗い歴史が起きてしまいました。若い人は、ともかく広い世界を知り、相手を慮《おもんぱか》る精神性を養ってほしいと思います。

池田名誉会長夫妻は、東京・信濃町の聖教新聞社でミハイル・ゴルバチョフ元ソ連大統領と記念撮影。令嬢のイリーナさん、孫娘のアナスタシアさんも（2003年）

平和のために本当に行動できる組織

西園寺一晃（ジャーナリスト）

さいおんじ・かずてる

1942年生まれ。北京大学経済学部卒。71年に朝日新聞社に入社。2002年からフリーのジャーナリストに。北京大学客員教授、工学院大学客員教授などを歴任。

「信頼できる」と直感

初めて出会う人の人柄のよさや人間性が、その人の属する組織のイメージを決める重要な要素になります。たとえば、中国に行った時に、初めて会った中国人がいい人であれば、中国のイメージはよくなり、逆に初めて会った中国人に騙《だま》されたりしたら、中国を嫌いになってしまいます。

私が初めて出会った創価学会員は、聖教新聞の記者だった大原照久さん（故人）でした。一九六七年に北京から十年ぶりに帰国してしばらくした時に、面識のない大原さんから連絡をいただいたのです。「中国にとても興味があって、今度中国に行く予定なのですが、ぜひお話をうかがいたい」ということでした。

とても丁重なお電話で、声を聞いただけで好感を持ちました。「こんなにいい人がいるのか」とまで思いました。謙虚《けんきょ》で、物静かで、教養もある。私利私欲がまったくない。中国に対する意見も共鳴《きょうめい》するところが多くありました。その大原さんが後日、創価学会員だと知りました。

実は、私は世間の人と同じく、創価学会に対して否定的なイメージしかありませんでした。しかし、大原さんが学会員だと知り、「この人がいるのだから、創価学会は信頼できる」と直感し、イメージが変わったのです。もちろん、彼が学会を代表しているわけではないのですが、外から見たら、彼は学会の全権大使なのです。彼を通じて、私と学会のお付き合いも始まったわけですから。

池田名誉会長の慧眼

大原さんが中国に興味を持たれたのは、池田名誉会長の日中国交正常化提言が大きなきっかけでした。冷戦が激化していた当時、日中友好を口にするのは、命がけの行為でした。六〇年には、実際に社会党の浅沼委員長が刺殺される時代でした。

そのなかで、池田名誉会長の提言によって日中国交正常化が現実のものとなったわけですが、池田名誉会長の第一次訪中の時に、私はたまたま名誉会長と同じホテルに宿泊していたこともあって、お話しする機会に恵まれました。

巨大な組織のトップですから、私も緊張していたのですが、とても気さくな方という印象でした。若い私に対しても、ざっくばらんに語ってくださいました。また、感銘を受けたのが、平和に対する信念です。

記者だった私は、生意気にも「今後の日中友好に必要なことは何だと思いますか」と名誉会長に尋ねました。当時は、平和友好条約の締結交渉が停滞していた時期で、名誉会長もそのことに触れると思っていたのですが、答えはまったく違いました。

「青年交流です」と名誉会長は即座に答えたのです。

「日中友好の五十年、百年先を考えれば、その時に活躍する青年たちが仲よくしなければならない。だから、青年交流なのです」

私はここまで広大な視野を持って平和を論じる名誉会長の心に感銘しました。また、名誉会長は、中国語の普及を創価大学でやりますともおっしゃったのです。そこから友好を始めるのだと。日本で中国語を話せる人は、ほとんどいない状況のなかでしたから、まさしく慧眼《けいがん》だったと言えます。

当時、朝日新聞主催の中国語弁論大会の審査員をやっていた私は、その言葉に感動し、即座に協力を申し出ました。その後、創価大学で弁論大会を実施し、中国語普及に協力させていただきました。

平和への信念と行動

池田名誉会長の平和への信念、行動は、周恩来元総理と軌《き》を一にするものです。周総理も民衆と同じ生活を好み、贅沢《ぜいたく》を嫌い、偉ぶることもなく、誰に対しても平等に振る舞う方でした。

1974年の第1次訪中での池田名誉会長（西安空港で）。この訪中の時、たまたま仕事で北京にいた西園寺さんは名誉会長の宿舎と同じホテルに泊まっていた。その晩、名誉会長の部屋で語り合ったのが最初の出会いだった

日本への賠償《ばいしょう》を放棄したのも、日本の民衆に対して気遣《きづか》ったからです。「中国の民衆と共に、日本の民衆も軍国主義による戦争の犠牲者なのだから、賠償金は求めない」という理由でした。A級戦犯を合祀《ごうし》する靖国神社に参拝する小泉首相の行動は、周総理の心を踏みにじるもので、だからこそ、中国は靖国参拝に反対しているのです。周総理の平和を求める心は、今の中国首脳のなかにも息づき、それゆえ創価学会と中国の良好な関係も保たれているのです。

平和といっても戦って勝ち取るものです。もちろん、学会は非暴力ですから、戦うといっても平和への意識を覚醒《かくせい》する戦いですが、そうした姿勢が平和実現のためには不可欠だと思うのです。

創価学会の平和活動で印象に残っているのは、七〇年代に男女青年部・婦人部が出した

「日中国交正常化提言」を発表する池田会長

歴史的提言が行われた第１１回学生部総会（日大講堂、1968年９月８日）

「反戦出版」です。私はすべて読みました。平和のために本当に行動できる組織は、他にないでしょう。創価学会という大きな組織が本気になって平和を勝ち取る姿勢に徹したら、それだけで日本のみならず、世界の平和に貢献できるでしょう。

日本出版界の偉業として、いまも称えられているのが反戦出版シリーズ。全国各地の戦争体験者の証言を集めた全106冊は、戦争の悲惨さとともに、平和の尊さを訴える貴重な文献として、高く評価されている

　これからの青年に対して申し上げたいことは、やはり世界を知ってほしいということです。宗教を持っている人は、やはり自分の宗教が一番だと考えます。しかし、池田名誉会長は、そのうえで、ガンジーやキングなど他の宗教の人を評価しています。なぜそうできるのかといえば、池田名誉会長が世界を知り、大きなスケールで人物を見ているからだと思います。

　世界を知るという点では、やはり中国との関係は重要です。二十一世紀は、アメリカと中国との関係が世界の平和を左右するようになるでしょう。ですから若い人たちには、中国とアメリカとの関係をどうしていくかとの視点を持ち行動するようにしてほしいですね。

信仰者としての「わきまえ」

川上範夫（奈良女子大学教授）

かわかみ・のりお

岡山県生まれ。京都大学教育学部卒、京都大学大学院教育学研究科博士課程修了。同大学助手・奈良女子大学助教授を経て現職。専攻は臨床心理学（心理療法・カウンセリング論）。認定臨床心理士。論文に「ウィニコットの心理的臨床論からの新しい展開」「心的外傷後ストレスとは何か」などがある。

Oさんとの対話

現代は、「宗教や信仰が死んでしまった時代」という言われ方をすることがあります。宗教は今、必ずしも人々の生活に根づいていません。現在の宗教の多くが自分の利害のため、もしくは自己正当化のために利用され、あるいは自身の感情や情緒の安定・高揚《こうよう》のために使われているからでしょう。「自分自身のため」ということを求めてはいけないということではないのですが、それは、修行の結果として享受《きょうじゅ》すべき類《たぐい》のものであると思うのです。

では、何を求めて信仰するのでしょうか。私は、宗教・信仰をするのは、「意味」を求めることにあるのではないかと思っています。自分自身を見つめ、生きている「意味」を探すことが、宗教の果たすべき役目なのではないか。

そのことを身をもって示してくれたのが、創価学会婦人部の一人であるOさんでした。

カウンセリングを通じて知り合った当時、Oさんはまだ創価学会に入会していませんでした。十三歳のころ、母を病気で亡くしたOさんは、実母との確執《かくしつ》があり、さらに父の再婚相手との間で生じた確執のために、心身ともに多くのトラブルを抱えていました。二重の確執は精神医学的な障害も惹起《じゃっき》し、Oさんは自分が生きている意味を見いだせず、死ぬことばかり考えていました。

ところが、カウンセリングを始めてまもなく、Oさんは義理の母と和解すると言いだし、義理の母のやっている宗教を一緒に始めると言いだしました。それが創価学会だったのです。

創価学会については、子どものころ、近所にも学会員の方がいらっしゃったし、高校の同級生にもいましたから、存在自体は知っていましたが、自分にはあまり関係ないと思っていました。ただ、特に反感を抱《いだ》くということもありませんでした。

カウンセリングが進むにつれ、Oさんの心の不調は徐々に回復し、一方で、創価学会の活動に邁進《まいしん》されていきました。そのうちにカウンセリングの関係は自然に消滅し、友人としてお付き合いするようになりました。

Oさんとのかかわり合いのなかで、もとより認識していたカウンセリングの限界性を明確に感じるようになりました。カウンセリングも生きる意味をつかむための手助けをしますが、人間が人間にすることですから、おのずと限界があります。「意味」を求めるという面では、何千年にもわたって究極の生きる意味を求め、修行を続けてきた宗教に一日の長があったのでしょう。生きる意味を感得《かんとく》する喜びをOさんは求め、創価学会の活動を通じて体験することができるようになっていったようでした。

途中からOさんは、あくまでカウンセラーの限界性を大切にしようとする私を見て「信仰の場で修行してみたらどうですか」と何度もお勧めになりました。折伏ですね。「最近の川上先生、気の毒だ」という内容の手紙もいただきました。そこでOさんと論争になるわけです。もし「Oさんの言うことは理解できる。でも、もし今すぐに私が意味の喜びを得たとしたら、私のクライアント全員にそう言わなきゃいけなくなる」と言うとちゃんと理解してくださいました。

そこで私がOさんと約束したのは、「私はOさんが勧めてくれたことを決して忘れない」ということです。私にもし創価学会の信仰が必要だと思えば、その時に教えてくださいと伝えました。Oさんは結局、病で先にお亡くなりになり、生身で教えてくださることはなくなったのですが、彼女の死があまりにも立派だったので、その約束は私のなかでいっそう強固なものになっています。

信仰者としての「わきまえ」

Oさんにとって難しかったと思うのは、信仰の話になると、カウンセラーとしての私は何も言えないということです。私生活では考えますが、仕事として神仏を持ち出すと、カウンセラーとしての「わきまえ（リミット・セッティング）」を外れてしまうのです。そこに私の困惑もありました。Oさんは、もう最後のほうでは信仰の話で私を脅《おど》かしたり、困らせたりするのがとても楽しかったみたいですね。私がいつ「わきまえ」を外すかを楽しみにしていたようです。しかし、Oさんは乳がんに侵《おか》されてしまい、手術も不可能な状態になってしまいました。そこでも彼女は立派でした。

私がお見舞いに行くと、今ある「私とOさん」の交流を意味あるものにしようとされるわけです。死にゆくOさんは、私との間で何かを残されようとするのです。Oさんの義理の母に対しても同じように振る舞われていました。意味ある交流をどう積み重ねていくか、ということを信仰者として最後まで貫かれたのです。「死」を前にしても生きいきと振る舞われる姿に勝る

創価学会の座談会は生命のオアシス——川上さんは「人と人が交流することの意味を見つけ、さらには生きていることの意味を見いだすことを（座談会という）素朴な方法で学会は推進してきた」との印象をもっているという

Oさんの勝利の証《あかし》はありませんでした。

Oさんと知り合って、最後までお付き合いをさせていただき、本当によかったと思っています。亡くなった方に対して「よかった」というのもおかしいかもしれませんが、義理のお母さんもOさんの母親でいられたことが私の喜びだとおっしゃっていました。Oさんとお付き合いすることに大きな意味があったということです。

かつて創価学会のメンバーでありながら、修行の道から外れてしまい、学会への非難を繰り返している人がいるとうかがいます。けれども、Oさんのように死ぬまで修行し、周囲に意味ある交流を続けていく人がいれば、創価学会は社会にとって意味のある存在であり続けるのではないかと思っています。

世界190カ国・地域で活躍するSGI（創価学会インタナショナル）の友

平和友好こそ皆の願い

東山健吾（成城大学名誉教授）

ひがしやま・けんご

1931年、東京生まれ。東京芸術大学で美術史を専攻。中国に留学し、北京中央美術学院研究員として敦煌莫高窟など中国五大石窟を調査。帰国後、成城大学講師を経て教授、北京大学客員教授などを歴任。現在、成城大学名誉教授、国際龍門石窟研究保護協会会長などを務める。著書に『敦煌三大石窟』『シルクロードの足跡』など多数。

敦煌文物は人類の宝

初めて池田名誉会長にお目にかかったのは、一九八二（昭和五十七）年四月でした。中国の敦《とん》煌《こう》から初来日した段文傑氏（当時・敦煌文物研究所長）と名誉会長との京都での会見に同席したのです。

お二人は、悠久《ゆうきゅう》の歴史とロマン溢《あふ》れる敦煌談議に花を咲かせ、まるで旧知の間柄であるかのように意気投合されていました。名誉会長は、敦煌から国外に持ち出された貴重な文化遺産について「人類の至宝とも言うべき敦煌文物は元通りの場所に返還すべきです」と話されていました。これには私も大いに共感させられました。

実はこの会見の二年前、敦煌莫高窟《とんこうばっこうくつ》の美がNHK特集「シルクロード」でテレビ放映された際、私は番組に出演して解説しました。その時、ある週刊誌が「日本の恩人を盗賊《とうぞく》よばわりしたNHK」という表現で、NHKと私を槍玉《やりだま》にあげたのです。

なんのことかと言うと、中国では敦煌から貴重な文物を持ち出したスタイン、フランスのペリオ調査隊、大谷探検隊、そしてアメリカ人のウォーナーを「四大盗賊」と当時は呼んでいました。そうした見方があることを紹介しただけなのに、週刊誌の記事では、ウォーナーが奈良・京都の文化財を米軍の空襲から救った「日本の恩人」であると勝手に持ち上げ、そのウォーナーを「盗賊」よばわりするとは何事かと、私を名指しで中傷したのです。この記事に対して、私は直ちに抗議して誤りを認めさせました。今では、私とNHKは当然のこと、中国側の主張が正しかったことは敦煌国際学会でも認められています。また、そのことを早くから指摘され、敦煌文物研究所（現・敦煌研究院）の考えを支持してくださった池田名誉会長の慧眼《けいがん》に対して、段所長と私は尊敬の念を抱いたものでした。

東京富士美術館での再会

二度目に池田名誉会長にお会いしたのは八三年十一月二日、東京富士美術館のオープニング・セレモニーでのことです。その時も段所長と私は晴れの開館式に招かれました。その日、名誉会長は創立者として、来賓一人ひとりと親しく握手され、丁重に出迎えてくださいました。

東京富士美術館開館式でのテープカット（1983年11月2日）。この時、東山健吾さんは池田名誉会長と会見し、同美術館での「中国敦煌展」の提案を直接聞いている。その2年後、歴史に残る「中国敦煌展」が実現した

テープカットのあと、段所長を応接室に招かれた名誉会長は、敦煌莫高窟の状況について聞かれ「大変なお仕事ですね」と激励してくださり、近い将来に東京富士美術館での「中国敦煌展」の開催を提案されたのです。

その出会いから二年後、八五年十月から翌八六年三月までの半年間、東京富士美術館を立ち上がり館として、奈良、長野、静岡など各地で盛大に「中国敦煌展」が開催されました。海外初公開の漢訳『法華経』写本は、現存最古のものや唐代の貴重な宮廷本、さらに西夏文字の『法華経』に至るまで多数出展されました。敦煌の壁画についても「法華経変」を中心に数多く展示され、内外に大きな反響を呼んだものです。あれほど充実した内容の敦煌展は、二度と開かれないだろうとまで言われました。

その後、敦煌莫高窟は世界遺産にも登録され

ますが、池田名誉会長が人類の至宝とも呼ばれた敦煌の美と文物に対して、その保護と整備に尽力されたことを中国の友人たちは深く感謝しております。

平和友好こそ皆の願い

ところで私は、今から五十年以上も前の五三年、意を決して北京中央美術学院に留学しました。日中間の国交正常化が実現する以前のことです。中国へ渡って四年目の五七年、初めて雲《うん》岡石窟《こうせっくつ》、龍門《りゅうもん》石窟、麦積山《ばくせきざん》石窟、炳霊寺《へいれいじ》石窟、そして敦煌莫高窟の調査研究に二カ月間、従事しました。本物の仏教美術を目《ま》のあたりにして私は、それを生涯の研究課題としたのです。

私の中国滞在は二十年にも及びますが、忘れられないのは五八年、北京郊外に十三陵ダムが完成した時のことです。私は中央美術学院の関連で文芸家連合会の取材班として、写真を撮影したり記事を書くためにダム完成式典に参加しました。当時の毛沢東主席、周恩来総理が私たち取材班に対して親しく握手してくださり、激励も受けました。

その後、文化大革命の嵐が中国全土に吹き荒れた時のことです。私は北京の大会での江青《こうせい》女史の講演のなかで何の根拠もなく「日本のスパイ」と名指《なざ》しされ、突然逮捕されたのです。北京郊外の牢獄に拘禁《こうきん》されること二年八カ月。その間、日本にいた私の母は「息子から全然便りが来なくなった」という内容の手紙を三回ほど出したそうです。その三回目の書信が周総理の秘書に直接届けられたと、あとでうかがいました。

周総理は「直ちに調べよ！」と指示を出され、

ようやく無実が証明されて釈放された経緯があります。ですから私にとって周総理は大恩人です。亡くなられる三年前のことでした。

池田会長、中国訪問、第２次訪中、北京市内で周恩来首相と会見（1974年12月5日）

日本に帰国後、一九七四年十二月五日、重い病で入院中の周総理と池田先生が一期一会《いちごいちえ》の歴史的会見を果たされたことを知りました。その時、世々代々にわたる日中友好の固い絆《きずな》が結ばれたと、中国や創価学会の友人から聞きました。事実、私の訪中も百回以上になりますが、どこへ行っても池田名誉会長の日中友好への熱い思いが伝わってきます。特に若い人たち、学術・文化関係の人からは高く評価されています。

ともあれ、日本と中国とは、二度と戦争を起こしてはなりません。今こそ池田名誉会長と周総理との間で結ばれた「平和友好」への固い握手の意義を、私は「不戦の誓い」として、これからを担う日中の若い人たちに伝えていこうと思います。

拡大の原点は名誉会長の「平和への行脚」

齋藤康一（写真家）

さいとう・こういち

1935年、東京生まれ。日本大学芸術学部写真学科を卒業。在学中から林忠彦、秋山庄太郎の助手を務める。その後、フリーランスの写真家として独立し、グラフ雑誌、カメラ雑誌にルポルタージュ写真を数多く発表。写真集に『池田大作を追う』『平和への行脚』『池田大作フォトストーリー』『蘇州にて』など多数。

創価学会との出合いは、まだ僕が二十代のころ、秋山庄太郎さん（写真家、故人）の紹介で雑誌『潮』の仕事をするようになってからです。たしか一九六四（昭和三十九）年、アジアで初めて開催された東京オリンピックの前後です。その翌年、六五年に僕は日中青年大交流の青年文化代表団の一員として初めて中国を訪れました。まだ、日中国交正常化以前のことです。写真家仲間でも訪中したのは指折り数える程度で、非常に珍しい時代でした。

まだ直行便もない時代ですから、香港から広州に入りました。すると行く先々で中国の青年から「創価学会って、どういう団体ですか」と、三回くらい聞かれました。僕は当時、日本の宗教団体であるとしか分かりませんでしたが、その時が創価学会について意識した最初でした。当時の周恩来総理が「創価学会のことを調べよ」と指示を出されていたという話を最近になって知りました。

その後、北京へ行って国慶節《こっけいせつ》にも出ました。ちょうど北京に滞在中だった作家の有吉佐和子さんも一緒で、周恩来総理とも握手しました。以来、訪中は八十回以上を数えます。

齋藤さんが「青年会長」のエネルギッシュな姿をとらえた写真集は、どのページも見る人に躍動感と新鮮さを伝える。左から、『池田大作フォトストーリー』（1991年）『平和への行脚　池田大作の世界』（1973年）『写真　池田大作を追う』（1969年）

エネルギーあふれる団体

さて、初めて中国を訪問してから二年後くらいのことです。ある雑誌の依頼で創価学会の池田大作会長（当時）を撮影することになりました。場所は信濃町の学会本部の大広間。女子部の方々と記念写真に収まる場面から撮影に入りました。その時、池田会長は「齋藤さん」と、僕に呼びかけられた。たいていの人は出版社の名前は覚えていても、カメラマンの名前までは覚えていません。ところが池田会長は、初対面の若いフリーカメラマンの僕をちゃんと名前で呼ばれたのです。驚きました。その第一印象から「この方は、すごい人だな」と思いました。

取材が進むにつれ、「青年会長」のエネルギッシュな動きに圧倒されました。パワーあふれる青年たちを激励する場面、雪の降る日に自宅の玄関前で奥様が会長に傘を差しかけられている光景など、撮影は続きました。創価学会の人たちを撮影してみると、中国の青年たちのエネルギーとオーバーラップするところがありました。僕は取材の合間に、「中国へ行ってきました」と話したことがあります。その時、会長は「中国は、どうでしたか」と聞かれたあと、「実は、中国に関する提言を書き終えたばかりです。いずれ発表します」と話されました。

それが六八年九月八日、両国・日大講堂での「日中国交正常化提言」だったのです。僕は、その会場で写真を撮影しながら、歴史的な提言を拝聴しましたが、感動のあまりシャッターを押す手が震えたのを覚えています。

創価学会の「青年会長」を中心としたエネルギーを五体で感じ、僕は「雑誌の取材だけで終わらせたくない」と思うようになりました。そこで「もっと撮影したい」と、お願いしたところ、会長は快く「どうぞ」と了解してくださいました。それからは、かなりプライベートな部分まで追いかけました。人間性豊かで、かつ優しい方です。それが『写真　池田大作を追う』(講談社)というモノクロ写真集として出版されました。僕としては創価学会のエネルギーを表現したつもりです。

1970年1月、リヒャルト・クーデンホーフ＝カレルギー伯と東京で会見する池田名誉会長

「平和への行脚」が原点

その後、創価文化会館が竣工《しゅんこう》して、クーデンホーフ＝カレルギー伯爵《はくしゃく》が外国からの賓客《ひんきゃく》として来日しました。対談の場面や講演会なども撮影させていただきました。それらは『平和への行脚《あんぎゃ》　池田大作の世界』（講談社）という写真集に収めました。そして、何といっても二度にわたるトインビー博士との対談を取材させていただいたのは僕の「生涯の宝」です。一度目の時に、厚かましくも「博士の書斎《しょさい》を撮《と》らせてください」と、希望を出しました。しかし、なかなか難しいようでした。そこで一計を案じて、わざとカメラを博士の部屋に置いてきました。対談を終えたあと「カメラを忘れました」と言って、戻りがてら書斎とかエレベーター前の写真

を撮ったものです。プロのカメラマンとしては世界的な歴史学者の書斎だけは、どうしても撮影しておきたかった。トインビー博士の顔を見たというだけでも大変なのに、そのうえ会長との歴史的な対談の写真を撮影できたことは貴重な経験です。

その後、「齋藤さん、ブラジルへ一緒に行きましょう」と言われたことがあります。そのことを僕は、すっかり忘れていて、突然、聖教新聞の写真部から電話がありました。「以前約束されたそうですが、会長一行がブラジルへ行きます」と言うではありませんか。すでに北米に着いていて、これからブラジルへ向かうという話でした。僕は、びっくりして取るものも取りあえず成田空港へ駆けつけました。ところが、その日は大雪に見舞われて飛行機が飛び立ちません。機内で一泊後、ようやく翌日の昼過ぎに

池田大作名誉会長、北南米訪問。ブラジル・ブラジリアのロジェリオ・ピトン・ファリアス公園でメンバーを全魂込めて励ます（1984年2月）

サンパウロのイビラプエラ州立スポーツセンターでの第１回SGIブラジル文化祭のリハーサル。メンバーを激励する池田名誉会長（1984年２月）

飛び立ちましたが、自宅を出てから五十時間かかってブラジルに着いたという経験もありました。その時も「雪で大変だったんですってね」とねぎらいの言葉をかけてくださいました。

これまで三千人以上の人物写真を撮影しましたが、なかでも名誉会長は特別な方で、コマ数にして三万点を超える写真を撮らせていただきました。創価学会を外から見ること四十年。いずれもその飛躍的な世界への拡大の原点は名誉会長の「平和への行脚」にあったと僕は思っています。

創価学会こそが唯一の「闘う集団」

高崎隆治（評論家）

たかさき・りゅうじ

1925年、横浜市生まれ。法政大学文学部卒業。在学中に学徒兵として戦争を体験する。法政大学文学部講師、講談社昭和万葉集編纂顧問を経て、立教大学文学部で「戦時下のジャーナリズム」を担当。日本ペンクラブ会員。著書に『雑誌メディアの戦争責任』（第三文明社）『戦時下文学の周辺』（風媒社）『ペンと戦争』（成甲書房）など多数。

私は昭和四十年代に八年間ほど、東京・品川の定時制高校の教師をしていた時期がありました。そのころ、品川駅で毎週、創価学会の団体に出会いました。大半は中高年で、みな質素な身なりをしていて零細企業《れいさいきぎょう》の従業員とか小さな商店の店主といった雰囲気の人々でした。

その人たちを、きびきびとした態度の若者が誘導《ゆうどう》していました。学会青年部の「輸送班」というグループだったのだ、と後で知りましたが、その若者たちの姿に私は強い印象を受けました。彼らは親切で優しく、しかも、登山に行く人々を身を挺《てい》して守ろうとする覚悟が傍目《はため》にも分かったからです。たとえば、ホームぎりぎりに立ってほかの人が線路に落ちないように手を広げたり、杖《つえ》をついたお年寄りのそばには必ず一人の若者が寄り添ったりしていました。

「ああ、今の時代にこういう素晴らしい若者たちがいるのか。創価学会はこれからきっと発展するぞ」と私は直感しました。そして、「共産党や社会党が政治的に救わない層の人々を、創価学会が救っているんだなあ」とも思ったのです。

横浜市の山下町のある戸田平和記念館の前に立つ高崎さん。すぐそばの神奈川平和会館で、連続講座（全５回）の講師として首都圏の婦人部代表らの「文章講座」を担当し、好評を博した

「オアシス」を垣間見る

私は横浜の小さな私立高校で教師をしていた時、三十人足らずの教員組合の委員長をしていました。ところが、日教組も総評も、「単独の小さな組合はダメだ」と言って、入れてくれなかったのです。「教員のなかではいちばん貧しい、最も救われなければならない人々を切り捨てるのか？」と憤《いきどお》りを感じました。

そのように、革新政党が大組織の労働者にばかり目を向けているなかにあって、創価学会は政治の谷間に置き去りにされた「未組織労働者」に光を当て、彼らに生きる希望を与えていったのだと思います。

私と学会を結ぶもう一つの縁として、義妹、つまり妻の妹の存在があります。義妹のエイコは米国人と結婚して長年アメリカで暮らし、二〇〇五年の年頭に亡くなりましたが、三十年ほど前に現地で創価学会に入会していたのです。義妹によれば、英語でなければ通じない人ばかりが周囲にいるなかで、日本人が集って日本語で和気あいあいとやっている集団が一つだけあって、それが創価学会だったそうです。

「あの人たちの仲間に入れば、日本語で思いきり話すことができる」と、最初はそんな動機から入会したようです。義妹にとって、学会コミュニティーの温かい雰囲気はオアシスのようなものだったと思います。まだ学会と宗門との問題が起こる前の話ですが、一度、エイコが帰国した際に「登山に行きたい」と言い出して、私の妻が一緒に行ったことがあります。

妻はそのとき「エイコがあんなに楽しそうに、初対面の人たちと言葉を交《か》わすのを初めて見た。別人みたいだ」と驚いていました。亡くなる前にも、義妹は「葬儀は学会の友人葬で行ってほしい」と遺言して、同志の方々に見送られて旅立ちました。義妹の姿を通して、私は学会組織の温かさを思い知りました。職場や学校を離れたところで、年齢層や職業にかかわらず、人々が一緒に集って楽しくすごせる、またいろんな問題を真剣に話し合える——そういう場所は、今では学会以外にないんじゃないでしょうか。しかも、それは利害を超えた宗教的信念による結びつきで、誰に強制されたものでもないという点が重要です。海外で暮らす日本人がこぞって現地の学会に入会していくのも、当然だと思います。

11・18創価学会創立記念日を祝賀するカナダSGIの座談会

私は長い間「戦時下のジャーナリズム」について研究してきましたが、その過程で出合った『小学生日本』（のちに『小國民日本』と改名）という雑誌が、私の創価学会観を決定づけました。『小学生日本』は、学会の戸田城聖第二代会長が戦時下に編集発行人を務めていた児童雑誌です。そしてその内容は、軍国主義教育が幅をきかせていた当時にあっては例外的でした。日本の未来を担《にな》う子どもたちに「世界に目を向けろ」と呼びかけ、平和志向を強く打ち出したものだったのです。

「闘う平和主義」

当時、厳しい検閲《けんえつ》の目をくぐり抜けてそうした雑誌を発行することが、どれほど勇気のいることだったか、私はよく知っているだけに、戸田城聖という人に深い畏敬《いけい》の念を抱《いだ》きました。そして、初代牧口会長から現在に至るまでの創価学会にも、『小学生日本』に流れていたものと同じ精神——闘う平和主義が脈打っていると思うのです。

第三文明社から刊行されたジャーナリズムの責任を問う高崎さんの著作

私は、日本の数ある宗教団体のなかで、創価学会こそが唯一の「闘う集団」だと思っています。おとなしく権力の言うことを聞く団体ではないのです。だからこそ、権力にとっては学会が邪魔で仕方ない。学会が、国家主義の意向を代弁する一部マスコミのターゲットにされ続けてきたのは、必然なのです。

今でこそ「学会バッシング」の中心は新潮社の雑誌ですが、かつては文藝春秋の雑誌が中心でした。私が研究者として文春の雑誌の「戦争責任」を追及して闘ってきたのも、一つには「文春と闘うことで学会を守りたい」という思いがあったからです。池田名誉会長が一貫して彼らのメーン・ターゲットとなってきたのも、名誉会長にそれだけの力があればこそでしょう。学会は民衆のために闘い続けてきたからこそ叩《たた》かれるのだと、私は見ています。

国境や人種を超えた人と人の結びつきを作る豊かな力

鄭早苗（大谷大学教授）

チョン・チョミョ

1944年、大阪市生まれ。神戸大学文学部卒。大阪市立大学大学院修士課程修了。専攻は古代韓国・朝鮮史。大阪府在日外国人有識者会議委員、京都女性協会理事、アジア太平洋人権情報センター評議員、大阪国際理解教育研究センター理事長などを務める。著書に『韓国史の再検討』『韓国・朝鮮を知るための55章』（共著）『図説韓国の歴史』（共著）など。

高校生のころ、当時大学生だった姉が「在日本朝鮮人留学生同盟」という組織に入って、その関係でたくさんの在日青年と知り合いになりました。

そのなかの一人に大阪外語大の学生さんがいて、彼が創価学会員でした。我が家にもよく出入りしていたその青年が、私が初めて身近に接した学会員ということになります。当時、ちょうど受験期だった私に、彼は何度か親切に英語を教えてくれました。私は英語が苦手だったものですから。

座談会で元気に

そして、私と学会とのいちばん大きな接点となったのは、一九九九年に亡くなった母でした。実は、母も学会員だったのです。母が学会活動をするその姿を通して、私は学会という組織の真実を知ったのでした。我が家は母子家庭で貧しく、母は女手一つで大変な苦労をして私たち娘を育ててくれました。でも、その母が、学会の座談会などに出かけると、なんだかすごく元気になって帰ってくるんです。そのことに、子ども心にも救われる思いでした。母は学会で元気をもらっているんだな、と感じたものです。

母はもともとは日本人で、戦前に韓国人の父と結婚したため、戦後のサンフランシスコ条約によって自動的に韓国人になりました。その日を境に国籍上は外国人となり、年金ももらえず選挙権もない立場になったのです。だから、老後の暮らしも自分でなんとかしようということで、七十歳になるまで働いていました。

もしも学会に入っていなかったら、母の人生はもっと孤独だったのではないかと思います。元々が日本人だから在日社会にも完全には溶《と》け込めなかったでしょうし……。信仰という絆《きずな》で結ばれた仲間がいたことは、母にとってどんなに力強かったことか。母が亡くなったときにも、学会の「友人葬」でやってもらいました。そして、母は今、学会の「中部池田記念墓地公園」に眠っています。母が（墓地公園のある）三重県出身なので、姉が母の生前ここの墓地を買ってくれていたのです。

この墓地には、母と父と、それから六歳で亡くなった私の妹の三人が葬《ほうむ》られています。年に数回、姉と一緒に墓参りに行きますが、いつ行っても雑草一つないほどきれいに手入れされていることに感心します。それに、墓石がみな同じサイズで揃《そろ》えられているのも平等でいいですね。一般の墓地のように、お金持ちの墓が大きくて、そうでない人は小さいという差別がないところがいいです。

ただ、一つだけお願いしたいことがあります。墓石に刻《きざ》む没年月日は昭和・平成などの元号《げんごう》でなく西暦がいいと思います。天皇制に依拠《いきょ》した元号は、私たち在日にとっては受け入れにくいものだからです。私は普通、元号で書くことはありません。公文書も西暦で書きます。在日の学会員は多いはずですし、世界に広がる学会の墓苑なのだから、元号と西暦のどちらかを選択できるようにしてはどうでしょうか。

海外メンバーとの明るい交流座談会の光景。創価学会伝統の地域の座談会は全国津々浦々で希望の火を灯す――。鄭さんのお母さんは女手一つで苦労して子育てをするなか、学会の座談会に出かけると元気になって帰ってきた。その姿を見て鄭さんは「母は学会で元気をもらっているんだな」と感じた

「人と人を結ぶ力」

母が学会に入ったことで孤独に陥《おちい》らずにすんだと言いましたが、それは、母と同世代の在日の学会員についても言えることでしょう。というのも、在日一世の女性には孤独な人が多いからです。その孤独の原因はいろいろありますが、一つは言葉の問題ですね。植民地時代を経験している在日一世の女性は、字が読めない人が多いんです。夫婦のうち、夫は読めても妻は読めないというケースが多い。

だから、日本に来てから耳で覚えた日本語なので、難しい言葉は分からないし、日本人とうまくコミュニケーションがとれないことがしばしばあるんですね。それどころか、家庭内でさえ孤立してしまいがちです。日本で産み育てた子どもたちはどんどん日本語がうまくなっていくのに、自分はテレビのニュース番組さえ理解できない。対社会的なつきあいはもっぱら夫の役割で、妻たちは家に置いてきぼり。そういう孤独な女性が多かったのです。

これは推測ですが、戦後の在日学会員の最初の世代には、まず最初に妻が入会するケースが多かったのではないでしょうか。在日一世の女性が学会に入会して、温かい学会コミュニティーのなかで孤独から救われたという事例は、きっと山ほどあるはずです。また、コリアン（韓国人）にかぎらず、これからグローバル化がいっそう進んでたくさんの外国人が日本で暮らすようになった時、そうした人たちに温かい手を差し伸べることが、学会の大きな役割ではないでしょうか。百九十カ国・地域に広がったＳＧＩ（創価学会インタナショナル）ですから、国境や

ギリシャのアテネ会館でパラリンピック大成功を祈念するメンバー（2004年9月）

人種を超えた人と人の結びつきを作る豊かな力を、学会は持っているはずです。

日本社会は、まだまだ在日外国人に冷たいところが目につきます。たとえば、大阪府には在日韓国朝鮮人が、帰化した人を含めれば二十万人以上います。人口二十万人の都市なら多くの地方公務員がいるでしょうが、大阪の在日コリアンで市職員になっている人は指折り数える程度なのです。

ＳＧＩの「人と人を結ぶ力」をもっと定着させて、日本をグローバル化時代にふさわしい方向へと進めていただきたいと期待しています。

学ぶべきことは『二十一世紀への対話』のなかにある

石川　好（ノンフィクション作家）

いしかわ・よしみ

1947年、東京都伊豆大島生まれ。大島高校卒業と同時に最後の移民船・あふりか丸に乗り、米国カリフォルニアへ。帰国後、慶應大学に進み、74年、再度渡米。86年、「Third Coast」編集主幹。89年、米国での体験を綴った『ストロベリー・ロード』で大宅壮一ノンフィクション賞を受賞。秋田公立美術工芸短期大学学長を務めた。著書に『鎖国の感情を排す』『新堕落論』など多数。

僕が最初に創価学会員に会ったのは、伊豆大島で子どものころのことです。たまたま東京から来ていたAさんご夫妻が熱心な学会員で、うちの家族と親しかった。そのAさんが家に来ると、よく創価学会の話をしていました。僕の記憶では中学生くらいの時、今から五十年近く前の昭和三十年代です。

普通の庶民として

その次に創価学会の人に会ったのは、なんとアメリカなんです。僕が渡米したのは今から四十年以上も前の昭和四十年四月、大島高校を卒業と同時に最後の移民船「あふりか丸」に乗って行きました。南カリフォルニアで農業に従事していた長兄を頼《たよ》って行きましたが、たまたま移民として来ていたご夫婦で大変に熱心な人がいて、その人が創価学会について語って聞かせてくれました。

ですから僕の場合、いきなり創価学会の牧口初代会長、戸田第二代会長、池田名誉会長の歴代会長の言葉や功績に出合ったわけではありません。いわば普通の庶民である学会員と故郷の伊豆大島で家族が親しくしていたとか、移民先のアメリカで世話になった人が創価学会の会員であったという関係です。

創価学会の存在意義は何かと考察すると、戦後の一時期、社会主義化を防ぐ一つの「救済装《きゅうさいそう》置《ち》」であったと言えると思います。どういうことかと言えば、創価学会のいわゆる草創期から会員の多かった地域、川崎とか大森などの京浜《けいひん》工業地帯というのは、戦後の高度経済成長以前、中小企業が最も多く集まる所でした。そこに創価学会の運動がなければ、ほとんどの人は社会主義労働運動に入って、戦後日本の経済成長も遅れたし、そうなると、日本の構造改革もさらに遅れたと思います。

女性を救った創価学会

それから、もう一つ創価学会が行った仕事で最大のものは、日本の女性を救ったことだと考えます。戦後の日本で男性は会社や職場で働き口があったとしても、どの家庭も貧しかった時、女性は内職して懸命に家計を支えました。しかも子どもを平均三、四人は産みました。その女性と子どもを救うことに大きく貢献したのが創価学会です。

外から見ると、創価学会を形成しているのは婦人部と青年部だと思えます。つまり日本の戦後社会で最大の功労者は、中小企業を含めて、戦後復興をなしとげた女性の力です。それを集団として救い上げたのが「教養装置」としての創価学会だと思うのです。

戦争でいちばん被害を受けるのは女性です。愛する者を失い、産んだ子どもを殺され、しかも上から爆弾を落とされ、着のみ着のまま焼け出されました。ですから戦後処理というのは本来、女性を救済するところから始めるべきでした。ところが、そういう視点が戦後日本の政治にはなかった。戦後の創価学会が日本の歴史上で初めて女性をそれこそ何百万人単位で組織化し、救済した。ここに重要な意義があると僕は見ています。

トインビー対談に学ぶ

池田名誉会長とトインビー博士との対談『二十一世紀への対話』で重要なメッセージとは、英語版のタイトル『CHOOSE LIFE』(生き延びることを選ぶ)に尽きます。なぜかと言うと、人類は第二次世界大戦、アウシュビッツそして核兵器まで経験しても、なお懲《こ》りずに科学技術でさまざまな問題を起こしています。かなり危ないところに来ている。人間が何かをしなければ、人間自らを滅ぼす。それなら人類が破滅するよりは「生き延びる」ほうを選びましょうというのが、池田名誉会長とトインビー博士のメッセージだと読みました。

総じてヨーロッパの歴史家たちは、ヒトラー

アーノルド・トインビー博士と対談する池田名誉会長（1973年5月9日、ロンドン）。この時の対談集『21世紀への対話』のなかに人類が生き延びるための知恵を見いだしたと石川好さんは評価する

と核兵器まで生み出してしまった第二次世界大戦について、もう「歴史の終わり」というぐらいに深刻な反省を迫られました。その反省から、もはや世界戦争を起こさない方法として現在の「ＥＵ」構想につながったわけです。名誉会長は、その汎《はん》ヨーロッパ運動を推進したクーデンホーフ＝カレルギー伯爵《はくしゃく》と会ったあと、トインビー博士と二年に及ぶ対談をされたわけです。おそらく、そこには人類が「生き延びる」ための知恵を出し合うということで共通の認識があったのだと思います。

　そのころ、日本でも公害問題が深刻化し、いわゆる環境問題が全地球的な規模で論議され始めました。アフリカの黒人もウォールストリートの金持ちも同じく害にあうということに、初めて気がつくわけです。その意味で西欧では、環境問題に対してきわめて思慮《しりょ》深くなり、現代

アーノルド・トインビー博士との対談集『21世紀への対話』は現在、世界各国語に翻訳されている

盛岡市の岩手文化会館で「21世紀への対話――トインビー・池田大作展」が開幕

を危機の時代として「アジアとの対話」が可能になりました。

僕は二〇〇四年一月、創価学会岩手文化会館で開催された「トインビー・池田大作展」を見て、記念講演でも話しましたが、今こそ人類が生き延びるために学ぶべきことは三十年も前の本ですが、『二十一世紀への対話』のなかに多々あると言えます。

創価学会は世界の希望

ファルク・アーセフィ（通訳・翻訳家）

Farouq Asefi

1958年、アフガニスタン生まれ。1977年に来日し、1978年に創価大学日本語別科へ入学。その後、法学部博士課程修了まで計12年間、創大で学ぶ。パシュトゥ語、ダリ語、ウズベク語などアフガン諸言語、ペルシャ語にも通じ、通訳・翻訳家として活躍しつつ、祖国復興に尽力している。

日本に来る前、すでに兄が創価大学の大学院に学んでいました。そのころ、創立者の池田先生からアフガニスタンの留学生を受け入れるというお話があったそうで、私は在日大使館の推《すい》薦《せん》もあって創価大学への入学を認められました。

創大は私の人生そのもの

入学式の時、池田先生のスピーチを直接、目の前でうかがいました。日本に来て半年くらいですから、正直なところまだ日本語は十分に理解できませんでした。ただ池田先生の声、その振る舞いと雰囲気に感動しました。しかも、初めてお会いした入学式の日に、私たち留学生と記念撮影までしてくださいました。その時、先生は「頑張ってください」と親しく声をかけてくださいました。実の親に声をかけられた以上に心が温かく包まれたような感動を覚えたのを今も忘れません。

その晴れがましい入学式から二週間ほど過ぎた一九七八年四月二十七日、アフガニスタンで革命が起こりました。旧ソ連に後押《あとお》しされた共産勢力のクーデターです。その時、あたかも祖国を失ったような不安と焦《あせ》りを覚えました。しかし、創立者の温かい激励、大学の教授やスタッフ、学友らの励ましに支えられて、私は勉学を続けることができました。このような周囲の方々の支援があったからこそ、今日の私があると思います。まさしく創価大学は、スタート時から私の人生そのものになりました。

負けない心をつくる

ごぞんじの通り、私たちアフガニスタン人の多くはイスラム教徒です。しかし創価大学は、そうした宗教の違いを超えて、同じ人間として触れ合える場でした。本当に人間対人間の付き合いをしてくれました。創価大学の学生はもちろん、創価学会のメンバーの方も同じです。素晴らしい環境のなかで、私は祖国の復興と発展に貢献《こうけん》するため勉学に励むことができました。

ところが来日して二年後の七九年十二月に旧ソ連軍が祖国アフガニスタンに侵攻《しんこう》して来たのです。やがてアフガン全土は戦場となり、高校時代の友人から革命で戦死した仲間のことも伝えられてきました。家族とも連絡が取れない混乱の時代で、国際社会からの非難《ひなん》もありました。

その時も、今は学長になっている若江先生（当時・国際部長）を通じて創立者からの激励が伝えられたり、学友からの励ましがありました。もちろん今でも忘れることはありませんし、心より感謝しております。特に祖国を失い、何のために学び、これから何をすべきかと迷った時、創立者の激励に支えられて「負けない心」で今まで生きてこられたと思います。

かつてアフガニスタンは「文明の十字路」と言われ、日本からも大勢の人がシルクロードを訪れました。その平和だった祖国が戦場と化してしまい、帰りたくても帰れなくなった私は創価大学に十二年間もお世話になりました。このたび、二十三年間の長きに及んだ戦乱も収《おさ》まり、祖国を出てから四半世紀ぶりにアフガンの大地

1978年4月10日、東京都八王子市の創価大学での第8回入学式で、創立者と記念の写真に収まるファルク・アーセフィさん（左から4人目）。この時の感動はいまなおアーセフィさんの心の大きな支えになっている

創価大学本部棟（八王子市）

を踏むことができたのです。

創価学会は世界の希望

創価学会七十五年の歴史については、初代の牧口会長をはじめ第二代の戸田先生も当時の軍部などから大変な圧力があったにもかかわらず戦ってこられたのが今日の基礎になっていると考えます。そして第三代の池田先生は、人間には本来差異《さい》がないという平等観、人間には誰にも幸福になる権利と可能性があるというヒューマニズム、人間が人間らしく生きていくために、どんなに困難な時でも幸福になるという「負けない自分」を作ることを現実の生活に根差《ねざ》して実践してこられました。そこに創価学会の原点があると思うのです。

このような素晴らしい団体である創価学会は、そうした基礎と精神とで成り立っているからこそ混乱の時代をリードし、幸福な安定した生活、平和な日本を作り出してきました。また、そのような哲学と運動こそが個々の立場とか宗教、民族を超えて連帯し、世界平和を築くために必要であると私は理解しています。

現在、創価学会は世界百九十カ国・地域に広がりました。これは池田先生が命がけで世界各地を回り、多くの識者や民衆と対話をされてきた賜物《たまもの》だと思います。また今日の世界に、これだけの広がりをもったということは、やはり教育の力です。民族や宗教の違いを超えた、一対一の人間同士の触れ合い、崇高な価値観があるからこそ世界に広まったのではないでしょうか。

創価大学で十二年間も学んだ私としては、創立者が教えてこられた「平和・文化・教育」の理念を世界に広げていきたいと思います。まずは祖国アフガニスタンに、私たちが心のなかに刻《きざ》んだ平和教育、「ソウカ（創価）」と「イケダ（池田）」という二つの言葉を伝えていきたい。アフガニスタンの再建復興のため新しいプロジェクトとして「創価教育」を実現していくことが私の夢であり、希望です。そして、その夢をライフワークにしていくのが私の人生です。

はっきりと「女性を尊敬せよ」と発言

辛淑玉（人材育成コンサルタント）

十五歳の時、友人に誘《さそ》われて映画『人間革命』を観ました。当時、商業高校に通っていたこともあって、周囲には何らかの形で一家を支えなくてはならない子が多く、また創価学会に入会している友人も多くいました。

卓球部の二学年上の先輩に、学会の人がいました。母親と姉の三人で暮らしていた彼女は、高校を卒業して就職すると、わずかな給料を貯《た》めて私を京都旅行に連れて行ってくれました。交通費から食費まで、全部彼女が払ってくれました。家族旅行もしたことのない私に京都を見せてくれた、あの温かさを今でも忘れることが

シン・スゴ

1959年、東京都生まれ。広告代理店を経て、85年、人材育成会社・香科舎を設立。男女雇用均等法をベースとした女性人材の育成に取り組む。96年、人材育成技術研究所を開設。管理職研修、評価プログラム開発を行い、大学・専門学校などで講義・公開講座を担当し、テレビ・ラジオにも出演。また、人材育成、人権に関わる研修・講演を各地で行う。UCSD客員研究員、明治大学政治経済学部客員教授を歴任。著書に『となりのピカソ』『怒りの方法』『辛淑玉のアングル』『愛と憎しみの韓国』『女が会社で』など多数。

できません。彼女は、そのことを一度も恩に着せたことがないのです。

のちに、私は学会の座談会や会合に何度か顔を出しました。今でも覚えているのは、東京・大田区で開かれた女子部の会合での話です。当時はまだ「男女共同参画《さんかく》社会」などという言葉のない時代でしたが、女子部の幹部が、「女の人は幸せにならなくてはいけない。幸せにならないと、豊かに美しく生きられない。幸せになるためには経済力がないといけない。だから、経済力のある男と一緒になろう」と言ったのです。

すごくリアリティーがあって、私は大爆笑しました。

女性を尊敬する社会に

先だって、ある地方自治体の講演会に呼ばれたのですが、市民の皆さんが「なんとかして辛さんを呼びたい」と行政と交渉してくれたというのです。その中心メンバーの一人が学会員で、朝は「聖教新聞」を配り、その後仕事に出、そして夫の暴力と向き合いながら、信仰を支えに女性の自立のために声を上げていました。男社会の中で孤軍奮闘《こぐんふんとう》している女性たちは本当に多い。ある企業研修の場に呼ばれて驚いたのは、男性優位の文化がはびこる部署《ぶしょ》で最後の女性社員となった方が、どうしても私を講師にと呼んでくれたのです。そして帰り際、「実は私、創価学会員なんです」と言ったのです。話を聞いてみると、私を講師として呼ぶには相当の壁《かべ》があったそうです。

壁をぶち破りたいという彼女の思いがひしひしと伝わり、私は、その思いに応《こた》えられるだけ

韓国の高陽花井初等学校マーチングバンドが大阪・枚方の関西創価小学校を訪問（2003年12月）

の力をつけなくてはと強く思いました。

今、男女共同参画についてさまざまな情報が飛び交《か》っていますが、私が知る限り、はっきりと「女性を尊敬《そんけい》せよ」と発言されたのが創価学会の池田名誉会長です。「私は信ずる。女性を差別《さべつ》する男性は、人格的にも最低であり、前世紀の遺物《いぶつ》である……女性の人格を尊敬し、彼女の活躍《かつやく》を心から喜べる男性が増えなければ、いつまでたっても、女性に理不尽《りふじん》な負担《ふたん》をかけ続けることになる」と。これは、二〇〇一年一月七日付の「聖教新聞」に出ていました。

男を最大に侮蔑《ぶべつ》するのは、「お前は女みたいだ」という言葉。だから男性は、女のようにならないように、女のようにならないようにと生きてくるので、女を尊敬するという感覚は欠落しています。

しかし、この記事は、胸を打ちました。社会でリーダーと呼ばれる人で、ここまで明言した人が他にいたでしょうか？

チョゴリ姿の写真

漢字を読むのが苦手な母が、「この人、いいこと言ってる」と言って、ルビ（ふりがな）が振られた新聞記事を持ってきました。

手にしていたのは「聖教新聞」。「この人」とは、池田名誉会長でした。

日韓・日朝関係が厳しい時に、池田先生は、「隣人《りんじん》を、韓国を尊敬しよう」という趣旨《しゅし》の発言をされました。同時に、韓国の民族衣装であるチョゴリをご夫婦でうれしそうに着こなしていました。

この写真が在日に与えた感情を、どれだけの日本人が知っているでしょうか？

北朝鮮による日本人拉致《らち》事件が明らかになってから在日へのバッシングは未曾有《みぞう》の数となり、まさにジェノサイドという状況の中、民族衣装であるチョゴリ姿で出てこられたのです。

今、アメリカで、イスラム教徒の衣装を着て、彼らと手を取り合おうと訴える指導者がいますか？　アメリカ国内で震《ふる》えているイスラム教徒の思いを、人間として声に、映像にしたアメリカの宗教関係者がどれほどいたでしょうか？

チョゴリ姿は、国境や民族を超え、在日や韓国の人とも一緒に生きていこうというメッセージでした。その姿勢は、「9・11」テロの時も微動《びどう》だにしませんでした。イスラムについてコメントされた記事を見て、胸が熱くなりました。

少し前になりますが、一般紙で池田名誉会長が「憲法九条を守れ」と発言されていたのを見ました。いろんな嫌がらせのコメントがあったのも知っています。でも、「九条を守る」ということは、日本の国際社会に対する公約でもあるわけです。その九条を変えるというのは、アジアに対する宣戦布告でしょう。

私が日蓮を好きなのは、言葉で闘《たたか》っていくディベートの天才だからです。どんな時にも言葉で権力者に立ち向かい、身に寸鉄《すんてつ》も帯びずに平和を創《つく》ろうとしました。その意味で日蓮さんは、武力を放棄《ほうき》した憲法九条の体現《たいげん》者です。それが現代では、池田名誉会長の発信する「言葉」に体現されていると思うのです。そして、多くの友人たちはその教えを体現しようとしています。

韓国の友から贈られた民族衣装チョゴリ姿の池田名誉会長夫妻（1998年5月）

誇れる友人たちが学会のなかにいるのです。

インタビュー　外《そと》から見《み》た創価学会《そうかがっかい》

2006年6月6日　初版第1刷発行
2008年5月3日　初版第3刷発行

編　者　第三文明編集部
発行者　大島光明
発行所　株式会社　第三文明社
東京都新宿区新宿1-23-5〒160-0022
電話番号　編集代表　03-5269-7154
営業代表　03-5269-7145
振替口座　00150-3-117823
URL　http://www.daisanbunmei.co.jp

印刷所　文唱堂印刷株式会社

ISBN978-4-476-06199-4